ŒUVRES COMPLÈTES

DE

GUY DE MAUPASSANT

THÉÂTRE

UNE RÉPÉTITION

HISTOIRE DU VIEUX TEMPS — MUSOTTE

LA PAIX DU MÉNAGE

PARIS

LOUIS CONARD, LIBRAIRE-ÉDITEUR

17, BOULEVARD DE LA MADELEINE, 17

MDCCCCX

ŒUVRES COMPLÈTES

DE

GUY DE MAUPASSANT

LA PRÉSENTE ÉDITION
DES
ŒUVRES COMPLÈTES DE GUY DE MAUPASSANT
A ÉTÉ TIRÉE
PAR L'IMPRIMERIE NATIONALE
EN VERTU D'UNE AUTORISATION
DE M. LE GARDE DES SCEAUX
EN DATE DU 30 JANVIER 1902.

IL A ÉTÉ TIRÉ À PART
100 EXEMPLAIRES SUR PAPIER DE LUXE
SAVOIR :

60 exemplaires (1 à 60) sur japon ancien.
20 exemplaires (61 à 80) sur japon impérial.
20 exemplaires (81 à 100) sur chine.

Le texte de ce volume
est conforme à celui de l'édition originale :
Histoire du Vieux Temps, *Paris, Tresse, 1879,*
Musotte, *Paris, Ollendorff, 1891,*
La Paix du Ménage, *Paris, Ollendorff, 1893,*
avec addition de :
Une Répétition (*inédit*).

ŒUVRES COMPLÈTES
DE
GUY DE MAUPASSANT

THÉÂTRE

UNE RÉPÉTITION
HISTOIRE DU VIEUX-TEMPS — MUSOTTE
LA PAIX DU MÉNAGE

PARIS
LOUIS CONARD, LIBRAIRE-ÉDITEUR
17, BOULEVARD DE LA MADELEINE, 17

MDCCCCX

UNE RÉPÉTITION

COMÉDIE EN UN ACTE

EN VERS

PERSONNAGES.

M. DESTOURNELLES, 55 ans.

Mme DESTOURNELLES, 25 ans.

M. René LAPIERRE, 25 ans.

UNE RÉPÉTITION[1].

Un salon. — Portes au fond et à droite. — Mme Destournelles, habillée en bergère Watteau, arrange sa coiffure devant la glace.

SCÈNE PREMIÈRE.

M. DESTOURNELLES, en redingote, prêt à sortir, entre par la porte de droite, et s'arrête stupéfait en apercevant sa femme.

M. DESTOURNELLES.

Madame, qu'est-ce donc que cette mascarade?
Je comprends! vous allez jouer quelque charade!

MADAME DESTOURNELLES.

Vous l'avez dit, monsieur.

M. DESTOURNELLES.

Le costume est charmant.
Vous êtes adorable en cet accoutrement.

(1) Nous devons à l'obligeance de M. Stock, éditeur, de publier *Une Répétition*, qui appartient au tome VI de sa publication *Saynètes et Monologues*.

MADAME DESTOURNELLES.

Fi donc! des compliments?... Mais je suis votre femme,
A quoi bon?

M. DESTOURNELLES.

La réplique est cruelle, madame.
Je dis la vérité simple, c'est mon devoir
Et d'homme et de mari.

MADAME DESTOURNELLES.

Merci.

M. DESTOURNELLES.

Peut-on savoir
A quel sujet ma femme est devenue actrice,
Et poète peut-être, ou collaboratrice
De quelque auteur fameux? J'ignorais jusqu'ici
Que l'art vous eût jamais causé quelque souci.
Pardon. Et la charade?

MADAME DESTOURNELLES.

Est une comédie.

M. DESTOURNELLES.

Bravo! vous chaussez donc le socque de Thalie?
Alors, si ce n'est point être trop indiscret,
Pourrais-je, en vous priant, connaître le sujet?

MADAME DESTOURNELLES.

Une églogue.

M. DESTOURNELLES.

Parfait! c'est une bucolique!
Et, l'avez-vous choisie avec ou sans musique?

MADAME DESTOURNELLES.

Sans musique.

M. DESTOURNELLES.

Tant pis!

MADAME DESTOURNELLES.

Et pourquoi, s'il vous plaît?

M. DESTOURNELLES.

A mon avis du moins c'eût été plus complet.
Je suis très pastoral. Je trouve que sur l'herbe
Un petit air de flûte est d'un effet superbe.
Et puis tout vrai berger, étendu sous l'ormeau,
Ne doit chanter l'amour qu'avec un chalumeau;
C'est l'accompagnement forcé de toute idylle :
L'usage en est resté depuis le doux Virgile.

MADAME DESTOURNELLES, ironique.

Je ne vous savais point si pétillant d'esprit.
J'avais jusqu'à ce jour méconnu mon mari.
A présent je voudrais vous faire prendre un rôle;
En marquis Pompadour vous seriez vraiment... drôle.

M. DESTOURNELLES, un peu blessé.

Madame, c'est très vrai. Qui pourrait faire bien
Une chose à laquelle on n'entend juste rien?

MADAME DESTOURNELLES.

Vous en voulez beaucoup à cette comédie?

M. DESTOURNELLES.

Certes; je n'aime pas les bergers d'Arcadie!
Et puis je veux laisser à chacun son métier.
Tout le monde, il est vrai, pourrait être portier;
Mais acteur... oh non pas! Cela c'est autre chose.
Vous ignorez comment on rit, on marche, on cause
Quand on a, par hasard, un public devant soi.
Votre grand naturel est de mauvais aloi.

MADAME DESTOURNELLES, *nerveuse.*

Je sais depuis longtemps cette vieille rengaine.

M. DESTOURNELLES, *pédantesquement.*

Le vrai dans un salon est du faux sur la scène,
Et le vrai sur la scène est faux dans un salon!
L'actrice, dans le monde, a souvent mauvais ton,
Je vous l'accorde, mais, quand vous prenez sa place,
Votre plus doux sourire a l'air d'une grimace.

MADAME DESTOURNELLES, *sèchement.*

Et vos charmants conseils ont l'air impertinent.
Est-ce fini?

M. DESTOURNELLES.

Non. Pas encore. — Maintenant,
Vos pièces de salon, fausses et précieuses,

Me portent sur les nerfs, et me sont odieuses.
Voilà mon sentiment. Quant au petit monsieur
Frisé, la bouche en cœur, et roide comme un pieu,
Débitant gauchement ses fades sucreries,
Autant fait par le ciel pour ces galanteries
Qu'un âne pour chanter une chanson d'amour;
Commerçant le matin, et le soir troubadour,
Qui, calculant le prix ou des draps ou des toiles,
Répète vaguement des couplets aux étoiles,
Et quitte son comptoir d'un petit air léger
Pour prendre la houlette et devenir berger,
C'est un sot le matin, et le soir c'est un cuistre
Dont le rire est stupide et la grâce sinistre!
Encore, eussiez-vous pris quelque morceau plaisant
Qui, sans prétention, pourrait être amusant!
Mais choisir une églogue!... Et quelle mise en scène?
C'est dans ces prés fleuris où serpente la Seine.
Ce salon représente un champ, frais et coquet.
Pour plus de vraisemblance on y pose un bouquet.
A droite est une dame habillée en bergère;
Elle écoute, effeuillant un rameau de fougère,
Un monsieur costumé; c'est un petit marquis;
Il porte lourdement un habit rose exquis,
S'incline, et dans la main il tient une houlette
Qu'il présente à la dame avec un air fort bête.
— Trois tabourets épars simulent des brebis. —
Tout est faux, le décor, les gens et les habits,
Est-ce vrai?... Ce dindon, enfin, qui fait la roue,
Doit vous baiser la main, quand ce n'est point la joue,
Et par cette faveur son orgueil attisé
A d'autres libertés se croit autorisé.
Puis ces longs tête-à-tête où l'on feint la tendresse,

Où l'honnête femme a des rôles de maîtresse...

Il hésite et cherche ce qu'il doit dire.

Sont d'un mauvais exemple aux gens de la maison.

MADAME DESTOURNELLES, *très blessée.*

Vraiment! Je n'aurais pas prévu cette raison!
Mais comme je veux être une femme soumise,
Que je ne veux pas voir ma vertu compromise
Aux yeux de Rosalie ou de votre cocher,
Je renonce à jouer.

M. DESTOURNELLES, *haussant les épaules.*

Bon! Pourquoi vous fâcher?

MADAME DESTOURNELLES, *la voix tremblante, exaspérée.*

Rien que ce tête-à-tête à présent m'épouvante!
Personne encor sur moi n'a rien dit, je m'en vante!
Songez : si le concierge apprend par un valet
Qu'un jeune homme à mes pieds fut vu; qu'il me parlait
D'amour, et qu'il avait la perruque poudrée,
La nouvelle en ira par toute la contrée.
Le facteur, en donnant ses lettres chaque jour,
Distribuera ce bruit aux portes d'alentour :
Il ira grossissant de la loge aux mansardes.
Et tous, du balayeur de la rue aux poissardes
Qui roulent leur voiture avec les : « ce qu'on dit, »
Me toiseront, des pieds au front, d'un air hardi!

M. DESTOURNELLES, *embarrassé, humble.*

Voyons, si j'ai tenu quelque propos maussade,
Ce n'était, après tout, qu'une simple boutade.

MADAME DESTOURNELLES, suffoquant, les larmes aux yeux.

Je sais que nous devons tout supporter, soupçons,
Injures, mots blessants de toutes les façons!
Nous devons obéir à la moindre parole,
Être humbles et toujours douces; c'est notre rôle,
Je le sais; mais enfin ma douceur est à bout.
Nos maîtres... nos maris, qui se permettent... tout,
Rôdent autour de nous ainsi que des gendarmes,
Nous accusent sans cesse, espionnent...

M. DESTOURNELLES, caressant.

Pas de larmes,
Je t'en prie; et faisons la paix. Pardon. C'est vrai,
Je fus brutal et sot... je l'avoue, et suis prêt
A tout ce qu'il faudra pour que tu me pardonnes.
Tiens, je baise tes mains. Comme elles sont mignonnes!
J'y veux mettre ce soir deux gros bracelets d'or;
Mais tu joûras. — M'as-tu pardonné?

MADAME DESTOURNELLES, très digne.

Pas encor.

M. DESTOURNELLES.

Non? mais bientôt.

MADAME DESTOURNELLES, de même.

Qui sait?

SCÈNE II.

LES MÊMES, RENÉ LAPIERRE, en marquis Louis XV.

UN DOMESTIQUE, annonçant.

Monsieur René Lapierre.

RENÉ, entrant.

En marquis Louis Quinze.

M. DESTOURNELLES.

Ah! votre partenaire;
Au revoir.

Saluant M. Lapierre.

Beau marquis.

RENÉ.

Monsieur, pour vous servir.

M. DESTOURNELLES.

Le costume est charmant et vous sied à ravir.

Il sort. — René baise la main de Mme Destournelles.

SCÈNE III.

Mme DESTOURNELLES, RENÉ.

MADAME DESTOURNELLES, *nerveuse, la voix sèche.*

Au moins, avez-vous bien retenu votre rôle?

RENÉ.

Je n'en oublierai point une seule parole.

MADAME DESTOURNELLES.

Alors nous commençons puisque vous êtes prêt :
Je suis seule d'abord. Le marquis apparaît.
Sans me voir il arrive au milieu de la scène;
Pendant quelques instants il rêve et se promène;
Et puis il m'aperçoit. Nous y sommes?

RENÉ.

J'y suis.

Elle s'assied sur une chaise basse. Il s'approche d'elle avec des grâces prétentieuses.

MADAME DESTOURNELLES.

Soyez plus libre et plus naturel.

RENÉ, *s'arrêtant.*

Je ne puis;
J'en suis fort empêché, car mon habit me gêne.

Son épée se prend entre ses jambes.

MADAME DESTOURNELLES, *sèchement.*

Votre rapière va s'échapper de sa gaine.
Vous paraissez épais et lourd. Recommençons.

Il fait le même manège que tout à l'heure, mais d'une façon encore plus maniérée.

Vous n'avez pas besoin de toutes ces façons,
Monsieur.

RENÉ, *vexé.*

Je voudrais bien vous voir prendre ma place,
Madame. Comment donc voulez-vous que je fasse?

MADAME DESTOURNELLES, *impatiente.*

Comme si vous étiez un marquis naturel,
Un vrai marquis. Quittez cet air trop solennel,
Et marchez simplement comme un monsieur qui passe.
Relevez quelque peu votre épée, avec grâce;
Une main sur la hanche; et puis promenez-vous,
Sans avoir tant de plomb fondu dans les genoux.
Vous êtes empesé comme un dessin de mode.

RENÉ.

Si je ne portais point cet habit incommode...

MADAME DESTOURNELLES.

Vous me faites l'effet d'un marquis croque-mort,
Soyez donc gracieux.

Il recommence.

RENÉ.

Est-ce bien?

MADAME DESTOURNELLES.

Pas encor.

Que l'homme est emprunté! Dire que toute femme,
J'entends femme du monde, est actrice dans l'âme.
La femme de théâtre est gauche, et ne sait pas
Sourire, se lever, s'asseoir, ou faire un pas
Sans paraître tragique. Un rien les embarrasse.
Cela ne s'apprend point, c'est affaire de race.
On peut acquérir l'art, mais non le naturel.
Par l'étude on devient ce que fut la Rachel
Qui demeura toujours roide ou prétentieuse,
Souvent fort dramatique, et jamais gracieuse.
Moi, j'ai joué deux fois et j'eus un succès fou.
J'avais une toilette exquise, un vrai bijou.
On m'applaudit, c'était comme une frénésie;
J'ai cru que je ferais mourir de jalousie
Madame de Lancy qui jouait avec moi.
Je disais quelques vers : je ne sais plus trop quoi;
Quelque chose de drôle et qui fit beaucoup rire.
Mais, la deuxième fois, je n'avais rien à dire;
Je faisais une bonne apportant un plateau
Où devait se trouver un verre rempli d'eau.
J'apportai le plateau; mais j'oubliai le verre.
L'acteur me regarda d'une façon sévère;
Le public se tordait; alors je m'aperçus
Que j'avais le plateau voulu, mais rien dessus.
Ma foi, je n'y tins pas, j'ai ri comme une folle.
Le monsieur n'a pas pu reprendre la parole
Tant on était joyeux. On a ri tout le temps!...

Se tournant vers René qui la regarde fixement en l'écoutant.

Mais que faites-vous donc, monsieur, je vous attends?

RENÉ.

Madame, j'écoutais.

MADAME DESTOURNELLES.

C'est moi qui vous écoute.
Vous n'avez pas de temps à perdre. Allons, en route.
Eh bien?

RENÉ, après une longue hésitation.

Je ne sais plus du tout le premier vers.

MADAME DESTOURNELLES, furieuse.

Monsieur, vous commencez à m'agacer les nerfs.

RENÉ.

Quand j'aurai le premier, tous viendront à la suite.

MADAME DESTOURNELLES.

Certes, ils viendront. A moins qu'ils ne prennent la fuite.

RENÉ, se frappant le front.

Comme on oublie! Allons, soufflez-moi, rien qu'un peu.

MADAME DESTOURNELLES.

Ah! puissé-je, en soufflant, rallumer votre feu.
Elle souffle.
Je te vis, charmante bergère.

RENÉ. Il récite avec embarras.

Je te vis, charmante bergère,
Assise, un jour, sur la fougère;
Oui, là-bas, je te vis un jour;
Et tout mon cœur brûla d'amour;

Non point de flamme passagère
Qui s'éteint, trompeuse et légère.
C'est d'un indestructible amour
Que je brûlai, douce bergère,
Quand je te vis sur la fougère...
C'est bien?

MADAME DESTOURNELLES.

« *C'est bien* » n'est pas au rôle, assurément;
Et puis ce serait bien... si c'était autrement.

RENÉ.

Pourquoi cela?

MADAME DESTOURNELLES.

Pourquoi? vous êtes détestable
Comme un petit garçon qui récite une fable.
Votre voix, votre corps, vos gestes sont en bois.
Avez-vous aimé?

RENÉ, très étonné.

Moi?

MADAME DESTOURNELLES.

Vous.

RENÉ.

Certes... quelquefois.

MADAME DESTOURNELLES.

Eh bien, racontez-moi cela.

RENÉ.

Quoi?

MADAME DESTOURNELLES.

Vos conquêtes;
Car je ne vous vois pas faisant tourner les têtes.

RENÉ.

Je ne dirai point si j'ai réussi...

MADAME DESTOURNELLES.

Toujours?
Non. Vous ne devez pas être heureux en amours.
Eh bien! nous allons voir ce que vous savez faire.
Supposons qu'une femme, habile en l'art de plaire,
Se trouve en tête-à-tête avec vous. Son... esprit
Dès longtemps attira votre cœur et le prit.
— Supposons que je sois cette femme charmante. —
Vous voulez exprimer l'amour qui vous tourmente;
Nous sommes tous deux seuls. — Allez. —

Elle attend. Il reste debout devant elle dans une pose embarrassée.

Eh bien, c'est tout?
On vous peut sans péril écouter jusqu'au bout.
Alors changeons de rôle, et soyez la bergère.
Je vais improviser. Asseyez-vous, — ma chère. —

Elle prend le chapeau du marquis; s'en coiffe; fléchit un genou devant lui, et, avec une moquerie dans la voix.

Je cours après le bonheur;
Plus je cours, plus il va vite.
Mais ce bonheur qui m'évite,
Dis, n'est-il pas dans ton cœur?
Je cherche la douce fièvre;
Mais elle me fuit toujours.
Cette fièvre des amours,
N'est-elle pas sur ta lèvre?

Pour les trouver j'ai dessein
De baiser, ô ma farouche,
Et ton âme sur ta bouche,
Et ton doux cœur sur ton sein.

Elle le regarde en riant, puis, se relevant.

Il l'embrasse. Êtes-vous une bergère en Sèvres?
Troublez-vous. Qu'un soupir s'échappe de vos lèvres.
Baissez les yeux, tremblez, pâlissez, rougissez.

Changeant de ton. — D'une voix brève.

Çà, nous ne ferons rien. Cher monsieur, c'est assez.

RENÉ, *brusquement.*

Je suis mauvais, la faute en est à mon costume.
Si j'étais en habit tout simple, je présume
Que je saurais sans peine exprimer mon amour.
A l'époque fleurie où régnait Pompadour,
Presque autant que la tête on poudrait la pensée;
Et la phrase ambiguë, avec soin cadencée,
Semblait une chanson aux lèvres des amants.
Ils avaient en l'esprit encor plus d'ornements
Que de rubans de soie à leur fraîche toilette.
L'amant était léger, l'amante était follette.
Ils ne se permettaient que de petits baisers
Pour ne point faire tort à leurs cheveux frisés;
Et gardaient tant de grâce et de délicatesse
Qu'un mot un peu brutal eût rompu leur tendresse.
Mais aujourd'hui, qu'on a décousu pour toujours
La pompe des habits et celle des discours,
Nous ne comprenons plus ces futiles manières;
Et pour se faire aimer il faut d'autres prières,
Plus simples, mais aussi plus ardentes.

MADAME DESTOURNELLES.

Il faut,
Cher monsieur, pour jouer un rôle sans défaut,
Se mettre, avec l'habit, la peau du personnage;
Sentir avec son cœur, penser selon son âge,
Aimer comme il aimait.

RENÉ.

Mais moi, si j'aime aussi.

MADAME DESTOURNELLES.

Vous n'aimez pas.

RENÉ.

Pardon, j'aime.

MADAME DESTOURNELLES.

Mais non.

RENÉ.

Mais si.

MADAME DESTOURNELLES.

Alors vous avez dû lui dire : « Je vous aime ».
Rappelez-vous le ton, et puis faites de même.

RENÉ.

Non. Je n'ai point osé lui dire.

MADAME DESTOURNELLES.

C'est discret.
Vous avez donc pensé qu'elle devinerait?

RENÉ.

Non.

MADAME DESTOURNELLES.

Mais qu'espérez-vous alors?

RENÉ.

Moi? rien. Je n'ose.

MADAME DESTOURNELLES.

C'est faux. L'homme toujours espère quelque chose.

RENÉ.

Je ne veux qu'un sourire, un mot, un bon regard.

MADAME DESTOURNELLES.

C'est trop peu.

RENÉ.

Rien de plus. A moins que le hasard,
Un jour, plaide ma cause.

MADAME DESTOURNELLES.

Oh! le hasard ne plaide,
N'oubliez point ceci, que pour celui qui l'aide.

RENÉ.

Je souffre horriblement de n'oser point parler.
Son œil, quand il me fixe, a l'air de m'étrangler;
J'ai peur d'elle.

MADAME DESTOURNELLES.

Mon Dieu! que les hommes sont... bêtes.
Savez-vous point encore, ignorant que vous êtes,

Que ces compliments-là ne nous blessent jamais.
Vous verriez, si j'étais un homme, et si j'aimais.

René saisit ses mains et les baise avec passion. Elle les retire vivement, très étonnée, un peu fâchée.

Je n'autorise pas ces manières trop lestes;
La parole suffit, monsieur, gardez vos gestes.

RENÉ, tombant à ses genoux.

Certes, j'étais timide et grotesque. Pourquoi?
Je craignais que mon cœur éclatât malgré moi!
Et qu'au lieu des fadeurs de ces propos frivoles,
Ce cœur qui débordait ne dît d'autres paroles.

Elle s'éloigne de lui, il la poursuit en tenant sa robe.

Ah! vous l'avez permis, madame, il est trop tard.
Vous n'avez donc pas vu briller dans mon regard,
Quand il était sur vous, des éclairs de folie;
Ni trouvé sur ma face égarée et pâlie
Ces sillons qu'ont creusés les tortures des nuits?
Vous n'avez donc pas vu que souvent je vous fuis;
Qu'un frisson me saisit quand votre main m'effleure;
Et que si j'ai perdu la tête, tout à l'heure,
C'est qu'en me regardant vos lèvres ont souri,
Que votre œil m'a touché, marqué, brûlé, meurtri?
Ainsi qu'un malheureux, monté sur une cime,
Se sent pris tout à coup des fièvres de l'abîme,
Et se jette éperdu dedans, la tête en feu;
Ainsi, quand je regarde au fond de votre œil bleu,
Le vertige me prend d'un amour sans limite!

Il saisit sa main et la pose sur son cœur.

Tenez, sentez-vous pas comme mon cœur palpite?

MADAME DESTOURNELLES, effarée.

C'est trop. On vous croirait la cervelle égarée;
Et la diction même a l'air exagérée.

La porte du fond s'ouvre sans bruit, et M. Destournelles apparaît, tenant à chaque main un écrin à bracelet. Il s'arrête et écoute sans être vu.

RENÉ.

Oui, c'est vrai, mon esprit s'égare, je suis fou!
Quand on lâche un cheval, la bride sur le cou,
Il s'emporte, et voilà ce qu'a fait ma pensée;
Jusqu'ici je l'avais tenue et terrassée,
Mais elle a, près de vous, des élans trop puissants.
Je ne puis exprimer les ardeurs que je sens!
Oui, je vous aime, et j'ai la lèvre torturée
Du besoin de toucher votre bouche adorée;
Et mes bras, malgré moi, s'ouvrent pour vous saisir,
Tant me pousse vers vous un immense désir.

MADAME DESTOURNELLES, lui échappant.

Je me fâche. Cessez cette plaisanterie.

RENÉ, se traînant à ses pieds.

Je vous aime, je vous aime.

MADAME DESTOURNELLES, effrayée.

Assez, ou je crie.

RENÉ, avec accablement.

Pardon.

MADAME DESTOURNELLES, avec hauteur.

Relevez-vous, monsieur, je vais sonner.

RENÉ, désespéré.

Mon Dieu, vous ne pourrez jamais me pardonner.

SCÈNE IV.

Les Mêmes, M. DESTOURNELLES.

M. DESTOURNELLES, applaudissant.

Bravo! Bravo! Très bien! vous jouez à merveille!
Je ne vous croyais pas une chaleur pareille.
Mes compliments, monsieur, c'est très bien. Et j'avais
La sotte intention de vous trouver mauvais!
Oh! mille fois pardon, vous êtes admirable;
Et vous avez surtout cet art incomparable
D'être si naturel, si juste, si vivant,
Que ce morceau d'amour est vraiment émouvant.
Tout est parfait : la voix, l'expression, le geste!
Le difficile est fait maintenant, et le reste
Viendra tout seul. Pourtant, il faut savoir comment
Vous vous en tirerez juste au dernier moment;
Car cela va toujours très bien quand on répète;
Mais aux jours de Première on perd un peu la tête.

MADAME DESTOURNELLES, avec un sourire imperceptible, et prenant les bracelets des mains de son mari.

Mon ami, demeurez tranquille sur ce point,
Car si monsieur la perd... je ne la perdrai point.

NOTE.

En 1876, Guy de Maupassant écrivait à son ami Robert Pinchon, de Rouen :

« Je ne m'occupe pas de théâtre en ce moment. Décidément les directeurs ne valent pas la peine qu'on travaille pour eux! Ils trouvent, il est vrai, nos pièces charmantes, mais ils ne les jouent pas. C'est assez te dire que Raymond Deslandes juge ma *Répétition* trop fine pour le Vaudeville. »

HISTOIRE
DU VIEUX TEMPS

SCÈNE EN VERS

Interprétée pour la première fois, sur le troisième Théâtre-Français — Ballande, directeur — le 19 février 1879, et reprise à la Comédie-Française, le 2 mars 1899.

À

MADAME CAROLINE COMMANVILLE

Madame,

Je vous ai offert, alors que vous seule la connaissiez, cette toute petite pièce qu'on devrait appeler plus simplement « dialogue ». Maintenant qu'elle a été jouée devant le public et applaudie par quelques amis, permettez-moi de vous la dédier.

C'est ma première œuvre dramatique. Elle vous appartient de toute façon, car après avoir été la compagne de mon enfance, vous êtes devenue une amie charmante et sérieuse; et, comme pour nous rapprocher encore, une affection commune, celle de votre oncle que j'aime tant, nous a, pour ainsi dire, faits de la même famille.

Veuillez donc agréer, Madame, l'hommage de ces quelques vers comme témoignage des sentiments très dévoués, respectueux et fraternels de votre ami bien sincère et ancien camarade.

GUY DE MAUPASSANT.

Paris, le 23 février 1879.

Je ne publierai point cette frêle comédie sans adresser mes bien vifs remerciements à l'homme éclairé et bienveillant qui l'a accueillie et aux artistes de talent qui l'ont fait applaudir.

Sans M. Ballande, qui ouvre si généreusement son théâtre aux inconnus repoussés ailleurs, elle n'aurait peut-être jamais été jouée. Sans Mme Daudoird, si fine comédienne, si attendrie et si charmante dans le rôle de la vieille marquise, et sans M. Leloir, qui porte avec tant de dignité les cheveux blancs du comte, personne ne l'eût, sans doute, remarquée.

Le succès, grâce à eux, a dépassé mes espérances : aussi je veux écrire leurs noms à la première page pour les assurer de ma profonde reconnaissance.

GUY DE MAUPASSANT.

Paris, le 23 février 1879.

PERSONNAGES.

	3e Théâtre-Français. 1879.	Comédie-Française. 1899.
LE COMTE.......	M. LELOIR.	M. LELOIR.
LA MARQUISE....	Mme DAUDOIRD.	Mme PIERSON.

A la Comédie-Française, la mise en scène a été modifiée ainsi :

Chambre Louis XV. Vieux portraits pendus aux murs. Grand feu dans la cheminée. On est en hiver. La marquise regarde tomber la neige par la fenêtre au fond, puis elle se dirige vers son clavecin et joue un vieil air. Entre le comte.

LE COMTE.

Bonsoir, Marquise.

(La suite sans modifications.)

HISTOIRE
DU VIEUX TEMPS.

Chambre Louis XV. — Grand feu dans la cheminée. — On est en hiver. La vieille marquise est dans son fauteuil, un livre sur les genoux; elle paraît s'ennuyer.

UN VALET, annonçant.

« Monsieur le comte. »

LA MARQUISE.

Enfin, cher comte, vous voici;
Vous pensez donc toujours aux vieux amis, — merci.
Je vous attendais presque avec inquiétude;
De vous voir chaque jour on a pris l'habitude;
Puis, je ne sais pourquoi, je suis triste ce soir.
Venez, auprès du feu nous allons nous asseoir
Et causer.

LE COMTE, s'asseyant, après lui avoir baisé la main.

Moi, je suis tout triste aussi, marquise,
Et, lorsqu'on se fait vieux, cela démoralise.
Les jeunes ont au cœur cargaison de gaîté;
Un nuage en leur ciel est bien vite emporté,

Et toujours tant de buts, tant d'amours à poursuivre!
Nous autres, il nous faut de la gaîté pour vivre;
La tristesse nous tue, elle s'attache à nous
Comme la mousse à l'arbre épuisé. Voyez-vous,
Contre ce mal terrible il faut se défendre.
Et puis, tantôt, d'Armont est venu me surprendre;
Nous avons remué la cendre des vieux jours,
Parlé des vieux amis et des vieilles amours;
Et, depuis ce moment, comme une ombre incertaine,
Je revois s'agiter ma jeunesse lointaine.
Aussi je suis venu, tout triste et tout blessé,
M'asseoir auprès de vous, et parler du passé.

LA MARQUISE.

Moi, depuis le matin, l'horrible froid m'assiège;
J'entends souffler le vent, je vois tomber la neige.
A notre âge, l'hiver afflige et fait souffrir :
Quand il gèle bien fort on croit qu'on va mourir.
Oui, causons, car un bon souvenir de jeunesse
Ravive par instants notre froide vieillesse.
C'est un peu de soleil...

LE COMTE.

Mais dans un jour d'hiver;
Mon soleil est bien pâle et mon ciel bien couvert.

LA MARQUISE.

Allons, racontez-moi quelque folle équipée.
Vous étiez, dit l'histoire, un grand traîneur d'épée,
Jadis, monsieur le comte, insolent, beau garçon,
Riche, bon gentilhomme et de fière façon;
Vous avez fait scandale, et croisé votre lame

Avec plus d'un mari; car une belle dame,
Un soir que nous causions, m'a raconté, tout bas,
Que tous les cœurs sautaient au seul bruit de vos pas.
Si l'on ne m'a menti, vous avez été page,
Grand coureur de ruelle et faiseur de tapage;
Et vous avez dormi quatre mois en prison
Pour un certain manant pendu dans sa maison,
Lequel avait, dit-on, femme jeune et jolie.
La femme d'un manant, comte, quelle folie!
Quatre mois en prison pour cela! C'eût été
Dame de haute race et de grande beauté,
Soit... — Voyons, trouvez-moi quelque galante histoire
De grande dame; amour romanesque, et l'armoire
Classique où le mari, dans ses retours subits,
Surprend l'amant transi parmi les vieux habits.

LE COMTE.

Et pourquoi donc toujours, toujours la grande dame?
Les autres, cependant, plaisent aussi : la femme
Est faite pour charmer, qu'elle soit noble ou non.
La grâce est sans aïeux et la beauté sans nom.

LA MARQUISE.

Merci! — Je ne veux point de vos amours banales.
Vous avez autre chose au fond de vos annales,
Cher comte, et maintenant, je vous écoute. — Allez!

LE COMTE.

Il faut vous obéir, puisque vous le voulez.
Ah! certes, le proverbe est bien vrai, sur mon âme,
Qui prétend que Dieu veut ce que veut une femme.

Quand je vins à la Cour j'étais sentimental;
J'ouvris bientôt les yeux; le réveil fut brutal
Par exemple. J'aimai, j'aimai la toute belle
Comtesse de Paulé. Je la croyais fidèle.
Je la surpris, un soir, aux bras d'un autre amant;
J'en eus le cœur brisé, marquise, et sottement
Je la pleurai deux mois! Mais la Cour et la Ville
Ont bien ri. Cette engeance est envieuse et vile,
Siffle les malheureux, applaudit au succès;
J'étais trompé, j'avais donc perdu mon procès.
Pourtant, bientôt après, j'eus une autre maîtresse;
Mais nous logions encore à deux dans sa tendresse.
L'autre était un poète. Il lui tournait des vers,
L'appelait fleur, étoile, astre de l'univers,
Et je ne sais quels noms. — Je provoquai le drôle;
C'était un bel esprit; il resta dans son rôle;
Trop lâche pour se battre, il fit un plat sonnet...,
Et l'on en rit encor, me traitant de benêt.
La leçon, cette fois, mit un terme à mes doutes,
Je cessai d'en voir une, et je les aimai toutes.
Or je pris pour devise un dicton très ancien :
« Bien fol est qui s'y fie » — et je m'en trouvai bien.

LA MARQUISE.

Mais, autrefois, quand vous déclariez votre flamme,
Et soupiriez aux pieds de quelque belle dame,
L'enveloppant d'amour, de respects et de soins,
Parliez-vous ainsi?

LE COMTE.

Non; mais avouez du moins,

Entre nous, que la femme est une enfant gâtée.
On l'a trop adulée, et surtout trop chantée.
Ses flatteurs attitrés, les faiseurs de sonnets,
Lui versant tout le jour, comme des robinets,
Compliments distillés au suc de poésie,
En ont fait un enfant gonflé de fantaisie.
Aime-t-elle du moins? — Point du tout; il lui faut,
Non l'amour de vingt ans, et dont le seul défaut
Est d'aimer saintement, comme on aime à cet âge,
Mais un roué; celui qu'on regarde au passage
Avec étonnement et presque avec respect,
Toute femme s'émeut et tremble à son aspect,
Parce qu'il est, — mérite assurément fort rare, —
Le premier séducteur de France et de Navarre!
Non qu'il soit jeune, non qu'il soit beau, non qu'il ait
De grandes qualités... rien; mais cet homme plaît
Parce qu'il a vécu. Voilà la chose étrange;
Et c'est ainsi pourtant que l'on séduit cet ange!
Mais quand un autre vient demander, par hasard,
De quel tribut payer l'aumône d'un regard,
Elle lui rit au nez et demande la lune!
Et, vous le savez bien, je ne parle pas d'une,
Mais de beaucoup.

LA MARQUISE.

C'est très galant; encor merci!
A mon tour, à présent, écoutez bien ceci :
Un vieux renard perclus, mais de chair fraîche avide,
Rôdait, certaine nuit, triste et le ventre vide;
Il allait, ruminant ses festins d'autrefois,
La poulette surprise un soir au coin d'un bois,
Et le souple lapin qu'on prenait à la course.

L'âge, de ces douceurs avait tari la source;
On était moins ingambe et l'on jeûnait souvent.
Quand un parfum de chasse apporté par le vent
Le frappe; un éclair brille en sa vieille prunelle.
Il aperçoit, dormant et la tête sous l'aile,
Quelques jeunes poulets perchés sur un vieux mur.
Mais renard est bien lourd et le chemin peu sûr,
Et malgré son envie, et sa faim, et son jeûne :
« Ils sont trop verts, dit-il, et bons... pour un plus jeune. »

LE COMTE.

Marquise, c'est méchant, ce que vous dites là;
Mais je vous répondrai : Samson et Dalila,
Antoine et Cléopâtre, Hercule aux pieds d'Omphale.

LA MARQUISE.

Vous avez en amour une triste morale !

LE COMTE.

Non; l'homme est comme un fruit que Dieu sépare en deux.
Il marche par le monde; et, pour qu'il soit heureux,
Il faut qu'il ait trouvé, dans sa course incertaine,
L'autre moitié de lui; mais le hasard le mène;
Le hasard est aveugle et seul conduit ses pas;
Aussi, presque toujours, il ne la trouve pas.
Pourtant, quand d'aventure il la rencontre..., il aime;
Et vous étiez, je crois, la moitié de moi-même
Que Dieu me destinait et que je cherchais, mais
Je ne vous trouvai pas, et je n'aimai jamais.
Puis voilà qu'aujourd'hui, nos routes terminées,
Le sort unit, trop tard, nos vieilles destinées.

LA MARQUISE.

Enfin, cela vaut mieux, mais vous avez péché,
Et je ne vous tiens pas quitte à si bon marché.
Savez-vous, mon cher comte, à quoi je vous compare?
Votre cœur est fermé comme un logis d'avare :
Vous êtes l'hôte; quand on vient pour visiter
Vous vous imaginez qu'on va tout emporter,
Et ne montrez aux gens qu'un tas de vieilleries.
Voyons, plus de détours et trève aux railleries!
Tout avare, en un coin, cache un coffret plein d'or,
Et le cœur le plus pauvre a son petit trésor.
Qu'avez-vous tout au fond? Portrait de jeune fille
De seize ans, qu'on aima jadis; légère idylle
Dont on rougit peut-être et qu'on cache avec soin,
N'est-ce pas? Mais, parfois, plus tard, on a besoin
De venir contempler ces images, laissées
Là-bas, derrière soi; ces histoires passées
Dont on souffre et pourtant dont on aime souffrir.
On s'enferme tout seul, une nuit, pour ouvrir
Certain vieux livre et son vieux cœur; comme on regarde
La pauvre fleur donnée un beau soir, et qui garde
La lointaine senteur des printemps d'autrefois!
On écoute, on écoute, et l'on entend sa voix
Par les vieux souvenirs faiblement apportée.
Et l'on baise la fleur, dont l'empreinte est restée
Comme au feuillet du livre à la page du cœur.
Hélas! Quand la vieillesse apporte la douleur,
Vous embaumez encore nos dernières journées,
Parfums des vieilles fleurs et des jeunes années!

LE COMTE.

C'est vrai! Même à l'instant j'ai senti revenir,

Tout au fond de mon cœur, un très vieux souvenir;
Et je suis prêt à vous le raconter, marquise.
Mais j'exige de vous une égale franchise,
Caprice pour caprice, et récit pour récit;
Et vous commencerez.

LA MARQUISE.

Je le veux bien ainsi.
Pourtant mon histoire est un simple enfantillage.
Mais, je ne sais pourquoi, les choses du jeune âge
Prennent, comme le vin, leur force en vieillissant,
Et d'année en année elles vont grandissant.
Vous connaissez beaucoup de ces historiettes :
C'est le premier roman de toutes les fillettes,
Et chaque femme, au moins, en compte deux ou trois;
Je n'en eus qu'une seule; et c'est pourquoi, je crois,
Je l'ai gardée au cœur plus vive et plus tenace;
Et dans ma vie elle a rempli beaucoup de place.
J'étais bien jeune alors, car j'avais dix-huit ans;
J'avais appris à lire avec les vieux romans;
J'avais souvent rêvé dans les vieilles allées
Du vieux parc, regardant, le soir, sous les saulées,
Les reflets de la lune, écoutant si le vent
Ne parlait pas d'amour à la branche, et rêvant
A celui que tout bas la jeune fille appelle,
Qu'elle attend, qu'elle croit que Dieu créa pour elle!
Puis voilà que celui que j'avais tant rêvé,
Jeune, fier et charmant, un jour, est arrivé;
Et je sentis bondir mon cœur de jeune fille.
Je me pris à l'aimer; il me trouva gentille...
Mon beau jeune homme, hélas! partit le lendemain;
Rien de plus : un baiser, un serrement de main,

Un regard échangé qu'il oublia bien vite.
Il s'était dit : « Elle est mignonne, la petite. »
Et cela lui sortit du cœur; mais Dieu défend
De se jouer ainsi de l'amour d'une enfant!
Ah! vous trouvez la femme insensible; elle saute
De caprice en caprice; allez, c'est votre faute.
Elle pourrait aimer, mais vous l'en empêchez;
Le premier amour qui lui vient, vous l'arrachez!
Pauvre fille! j'étais bien folle et bien crédule;
Mais vous allez trouver cela fort ridicule,
Vous qui raillez l'amour... Longtemps je l'attendis!...
Comme il ne revint pas, j'épousai le marquis.
Mais je confesse que j'aurais préféré l'autre!
J'ai mis mon cœur à nu, découvrez-moi le vôtre
Maintenant.

LE COMTE, souriant.

Ainsi, c'est une confession?

LA MARQUISE.

Et vous n'obtiendrez pas mon absolution
Si vous raillez encor, méchant homme insensible.

LE COMTE.

C'était dans la Bretagne, à l'époque terrible
Qu'on nomme la Terreur. — Partout on se battait,
Moi j'étais Vendéen; je servais sous Stofflet.
Or, cela dit, ici commence mon histoire.
On venait, ce jour-là, de repasser la Loire.
Nous étions demeurés, postés en partisans,
Quelques braves amis, quelques vieux paysans,

Et moi leur chef, en tout peut-être une centaine,
Cachés dans les buissons qui contournaient la plaine,
Protégeant la retraite et cédant peu à peu.
Nos hommes, à la fin, avaient cessé le feu;
Et l'on se dispersait, selon notre coutume,
Quand un soldat soudain, un Bleu, qui, je présume,
S'était, grâce aux buissons, avancé jusqu'à nous,
Sauta dans le chemin et me tira deux coups
De pistolet. J'ouvris la tête de ce drôle;
Mais j'avais, pour ma part, deux balles dans l'épaule.
Tout mon monde était loin. En prudent général,
J'enfonçai l'éperon aux flancs de mon cheval.
Alors, à travers champs, et la tête éperdue,
Comme un fou qui s'enfuit, j'allai, bride abattue;
Tant qu'enfin, harassé, brisé, n'en pouvant plus,
Je tombai, tout en sang, au revers d'un talus.
Mais bientôt, près de moi, je vis une lumière
Et j'entendis des voix. — C'était une chaumière
Où je heurtai, criant : « Ouvrez, au nom du roi! »
Et puis, à bout de force et tout roidi de froid,
Je m'affaissai, soudain, en travers de la porte.
Suis-je resté longtemps étendu de la sorte?
Je ne sais; mais, alors que je repris mes sens,
J'étais dans un bon lit bien chaud; de braves gens,
Attendant mon réveil avec inquiétude,
S'empressaient, m'entouraient, pleins de sollicitude;
Et je vis, au milieu de ces lourdauds Bretons,
Comme un oiseau des bois couvé par des dindons,
Une enfant de seize ans! ah! marquise, marquise!
Quelle tête ingénue et quelle grâce exquise!
Comme elle était jolie avec ses cheveux blonds
Sous son petit bonnet, si soyeux et si longs,

Qu'une reine pour eux eût donné sa richesse!
Puis elle avait des pieds et des mains de duchesse;
Si bien que je doutai très fort de la vertu
De sa grosse maman; j'aurais pour un fétu
Vendu mes droits d'auteur, à la place du père.
Dieu! Qu'elle était jolie avec sa mine austère
Et pudique! — Et durant quatre nuits et trois jours
Elle ne quitta pas mon chevet; et toujours
Je la voyais auprès de moi, tantôt assise,
Tantôt debout, lisant dans son livre d'église
Et priant, mais pour qui? — Pour moi, pauvre blessé? —
Ou pour un autre? Puis, son petit pied pressé
Allait, venait, trottait lestement par la chambre;
Et puis, de ses yeux clairs et dorés comme l'ambre,
Elle me regardait; car elle avait un œil
Jaune comme celui de l'aigle, et plein d'orgueil;
Et même j'éprouvai, quand je vous vis, marquise,
Pour la première fois, une grande surprise,
En retrouvant cet œil et ce regard pareil
Qu'on eût dit éclairé d'un rayon de soleil.
Elle était, sur ma foi, si fraîche et si jolie
Que, presque à mon insu, j'avais fait la folie
De me mettre à l'aimer. — Mais voilà qu'un matin
J'entendis le canon gronder dans le lointain.
Mon hôte entra soudain, tout pâle et hors d'haleine:
« Les Bleus! les Bleus! dit-il, ils vont cerner la plaine,
« Sauvez-vous! » — Cependant j'étais bien faible encor,
Mais je me dépêchai, car le temps pressait fort.
Comme un cheval frissonne au bruit de la trompette,
La fièvre du combat me montait à la tête.
Mais elle, tout de noir vêtue, et comme en deuil,
Quelques larmes aux yeux, m'attendait sur le seuil.

Elle tint l'étrier quand je me mis en selle;
En galant chevalier je me penchai vers elle,
Et déposai gaîment un baiser sur son front.
Elle se redressa comme sous un affront;
Un fauve éclair jaillit de sa fière prunelle,
Et rougissant de honte : « Ah! Monsieur », me dit-elle.
Certe, elle n'était point ce que j'avais pensé;
Elle avait trop grand air, et j'avais offensé
Gauchement, lourdement, la noble jeune fille,
L'enfant de quelque ancienne et fidèle famille
Que de vieux serviteurs cachaient au milieu d'eux,
Quand le père, avec nous, luttait contre les Bleus.
Ah! je fis tout d'abord contenance assez sotte;
Mais j'étais, en ce temps, quelque peu Don Quichotte,
Et tous les vieux romans me tournaient le cerveau.
Aussi, de mon cheval, descendant aussitôt,
Je fléchis humblement un genou devant elle,
Et je lui dis : « Pardon, pardon, mademoiselle;
« Ce baiser, croyez-moi, car je ne mens jamais,
« N'est point d'un libertin ou d'un étourdi, mais,
« Si vous le voulez bien, sera de fiançailles.
« Je reviendrai, si le permettent les batailles,
« Chercher gage d'amour que je vous ai laissé. »
« Soit, dit-elle en riant. — Adieu! mon fiancé. »
Elle me releva; puis, de sa main mignonne
M'envoyant un baiser : « Allez, on vous pardonne,
« Dit-elle, et revenez bientôt, bel inconnu! » —
Et je partis.

LA MARQUISE, tristement.

Et vous n'êtes pas revenu?

LE COMTE.

Mon Dieu! non. Mais pourquoi? Je ne sais trop moi-même.
Je me suis dit : Est-il possible qu'elle m'aime
Cette enfant que je vis un instant? Pour ma part
L'aimais-je? J'hésitais. J'arriverais trop tard,
Peut-être, pour trouver ma belle jeune fille
Aimant quelque autre, aimée et mère de famille?
Et puis ce vain propos d'un fou, dit en passant,
Sans doute avait glissé sur elle, lui laissant
Un mignon souvenir, une douce pensée.
Et puis, la trouverais-je où je l'avais laissée?
M'étais-je pas trompé? Ne valait-il pas mieux
Garder ce souvenir lointain, frais et joyeux,
La voir telle toujours que je me l'étais peinte,
Et ne point revenir et la revoir, de crainte
De ne trouver, hélas! que désillusion?
Mais il m'en est resté comme une obsession,
Une vague tristesse au cœur, et comme un doute
D'un bonheur coudoyé, mais laissé sur ma route.

LA MARQUISE, avec des sanglots dans la voix.

Elle l'aurait peut-être aimé, cet inconnu?
Dieu seul le sait! mais vous n'êtes point revenu.

LE COMTE.

Marquise, aurais-je donc commis un si grand crime?

LA MARQUISE.

Ne me disiez-vous point, tout à l'heure : « J'estime
« Que l'homme est comme un fruit que Dieu sépare en deux.
« Il marche par le monde; et, pour qu'il soit heureux,

« Il faut qu'il ait trouvé, dans sa course incertaine,
« L'autre moitié de lui; mais le hasard le mène;
« Le hasard est aveugle et seul conduit ses pas;
« Aussi, presque toujours, il ne la trouve pas.
« Pourtant, quand d'aventure il la rencontre, il aime.
« Et vous étiez, je crois, la moitié de moi-même
« Que Dieu me destinait et que je cherchais, mais
« Je ne vous trouvai pas, et je n'aimai jamais.
« Puis voilà qu'aujourd'hui, nos routes terminées,
« Le sort unit, trop tard, nos vieilles destinées. »
Trop tard, hélas, car vous n'êtes pas revenu!

LE COMTE.

Marquise, vous pleurez!...

LA MARQUISE.

Ce n'est rien, j'ai connu
La pauvre fille dont vous parliez tout à l'heure;
Ce récit m'attrista; voilà pourquoi je pleure.
Ce n'est rien.

LE COMTE.

L'enfant qui jadis reçut ma foi,
Marquise, c'était vous!

LA MARQUISE.

Eh bien! oui, c'était moi...

Le comte se met à genoux et lui baise la main. — Il est très ému.

LA MARQUISE, après un moment de silence.

Allons, n'y pensons plus; il est un temps aux roses.
Notre vieux front pâli n'est plus fait pour ces choses.

Rirait bien qui pourrait nous voir en ce moment!
Relevez-vous; et pour finir ce vieux roman,
Souvenir du passé qui n'est plus de notre âge,
Tenez, comte, je vais vous rendre votre gage;
Je ne suis plus fillette et j'ai le droit d'oser.

Elle l'embrasse sur le front. Puis, avec un sourire triste.

Mais il a bien vieilli, votre pauvre baiser.

MUSOTTE

PIÈCE EN TROIS ACTES

EN COLLABORATION AVEC

JACQUES NORMAND

À

ALEXANDRE DUMAS FILS

Hommage de grande admiration et d'affectueux dévouement.

GUY DE MAUPASSANT
JACQUES NORMAND

PERSONNAGES.

JEAN MARTINEL, neveu de M. Martinel, artiste peintre, célèbre déjà et décoré, 30 ans....................	MM. Raphaël DUFLOS.
LÉON DE PETITPRÉ, frère de Gilberte Martinel, jeune avocat, 30 ans.....	NOBLET.
M. MARTINEL, ancien armateur havrais, 55 ans....................	NERTANN.
M. DE PETITPRÉ, ancien conseiller à la Cour, officier de la Légion d'honneur, 60 ans....................	Léon NOËL.
Dr PELLERIN, médecin très élégant, 35 ans........................	Paul PLAN.
Mme DE RONCHARD, sœur de M. de Petitpré, 55 ans..................	Mmes PASCA.
HENRIETTE LÉVÊQUE, surnommée MUSOTTE, petit modèle, ancienne maîtresse de Jean Martinel, 22 ans..	Raphaële SISOS.
Mme FLACHE, sage-femme, ancienne danseuse de l'Opéra, 35 ans.......	DESCLAUZAS.
GILBERTE MARTINEL, fille de M. et Mme de Petitpré, mariée le jour même à Jean Martinel, 20 ans...........	DARLAUD.
LISE BABIN, nourrice, 26 ans.......	BLERZY.
DOMESTIQUES.	

La scène, de nos jours, à Paris.

LE PREMIER ET LE TROISIÈME ACTE DANS UN SALON, CHEZ M. DE PETITPRÉ.

LE DEUXIÈME ACTE DANS LA CHAMBRE DE MUSOTTE.

Cette pièce a été représentée pour la première fois, à Paris, sur la scène du Gymnase, le mercredi 4 mars 1891.

MUSOTTE.

ACTE PREMIER.

Un salon sévère et de grand style chez M. de Petitpré. Table au milieu. Canapé à droite. Chaise et fauteuil à gauche. Porte au fond donnant sur une galerie. Portes latérales. Lampes allumées. On sort de table.

SCÈNE PREMIÈRE.

M. DE PETITPRÉ, M. MARTINEL, Mme DE RONCHARD, LÉON DE PETITPRÉ, JEAN, GILBERTE, en robe de mariée, mais sans couronne ni voile.

MADAME DE RONCHARD, après avoir salué M. Martinel, qui lui donnait le bras, va s'asseoir à droite, puis :

Gilberte! Gilberte!

GILBERTE, quittant le bras de Jean.

Ma tante?

MADAME DE RONCHARD.

Le café, mon enfant!

GILBERTE, s'approchant de la table.

J'y vais, ma tante.

MADAME DE RONCHARD.

Prends garde à ta robe!

LÉON, accourant.

Mais non, mais non, ce n'est pas ma sœur qui sert le café aujourd'hui. Le jour de son mariage! C'est moi qui m'en charge... (A Mme de Ronchard.) Vous savez que je peux tout faire, ma tante, en ma qualité d'avocat.

MADAME DE RONCHARD.

Oh! je connais tes mérites, Léon, et je les apprécie...

LÉON, riant, en lui présentant une tasse.

Trop bonne.

MADAME DE RONCHARD, après avoir pris la tasse, sèche.

... pour ce qu'ils valent!

LÉON, à lui-même, retournant à la table.

V'lan! le petit coup de patte... Ça ne manque jamais. (Offrant une autre tasse à Martinel.) Trois morceaux, n'est-ce pas, monsieur Martinel, et un peu de fine champagne? Je sais vos goûts. Nous vous soignerons bien, allez!

MARTINEL.

Merci, mon ami.

LÉON, à son père.

Tu en prends, père?

PETITPRÉ.

Oui, mon fils.

LÉON, aux jeunes mariés qui se sont assis à gauche et causent à voix basse.

Et vous, les jeunes époux? (Les jeunes gens absorbés ne répondent pas.) La cause est entendue! (Il replace la tasse sur la table.)

PETITPRÉ, à Martinel.

Vous ne fumez pas, je crois?

MARTINEL.

Jamais, merci.

MADAME DE RONCHARD.

Ça m'étonne. Mon frère et Léon ne s'en passeraient pour rien au monde, même un jour comme celui-ci... Quelle horreur que le cigare!

PETITPRÉ.

Une bonne horreur, Clarisse.

LÉON, allant à sa tante.

Presque toutes les horreurs sont bonnes, ma tante; j'en connais d'exquises.

MADAME DE RONCHARD.

Polisson!

PETITPRÉ, prenant le bras à son fils.

Viens fumer dans le billard, puisque ta tante n'aime pas ça!

LÉON, à son père.

Le jour où elle aimera quelque chose en dehors de ses caniches!...

PETITPRÉ.

Allons, tais-toi.

Ils sortent l'un et l'autre par le fond.

MARTINEL, à Mme de Ronchard.

Voilà les mariages comme je les aime et comme on n'en fait pas souvent ici, dans votre Paris. Après le lunch, offert en sortant de l'église, tous les invités s'en vont, même les demoiselles d'honneur et les garçons d'honneur. On reste en famille, puis on dîne avec quelques parents. Partie de billard ou partie de cartes, comme tous les jours; flirt entre les mariés... (à ce moment, Gilberte et Jean se lèvent et sortent lentement par le fond, en se donnant le bras;) puis, avant minuit, dodo.

MADAME DE RONCHARD, à part.

Ce qu'il est commun!

MARTINEL, va s'asseoir à droite, sur le canapé à côté de Mme de Ronchard.

Quant aux jeunes gens, au lieu de partir pour l'absurde voyage traditionnel, ils se rendent tout bonnement dans le petit logis préparé pour eux. Je sais bien que vous trouvez que ça manque de chic, de genre, de flafla. Tant pis! j'aime ça, moi.

MADAME DE RONCHARD.

Ce n'est pas dans les usages du monde, monsieur!

MARTINEL.

Le monde! Il y en a trente-six mille mondes. Tenez, rien qu'au Havre...

MADAME DE RONCHARD.

Je ne connais que le nôtre... (se reprenant) le mien, qui est le bon.

MARTINEL.

Naturellement. Enfin, madame, tout simple qu'il soit, il est fait, ce mariage, et j'espère que vous avez admis en grâce mon pauvre neveu, qui jusqu'ici...

MADAME DE RONCHARD.

Il le faut bien, puisqu'il est le gendre de mon frère et le mari de ma nièce.

MARTINEL.

Ça n'a pas été tout seul, hein? Je suis joliment content que ce soit fini, moi, quoique j'aie passé ma vie dans les difficultés...

MADAME DE RONCHARD.

Vous?

MARTINEL.

... les difficultés commerciales et non matrimoniales.

MADAME DE RONCHARD.

Vous parlez de difficultés, vous, un Crésus, qui donnez cinq cent mille francs de dot à votre neveu! (Avec un soupir.) Cinq cent mille francs! ce que m'a mangé feu mon mari...

MARTINEL.

Oui... Je sais que M. de Ronchard...

MADAME DE RONCHARD, soupirant.

Ruinée et abandonnée après un an de mariage, monsieur, un an!... Juste le temps de comprendre combien j'aurais pu être heureuse! Car il avait su se faire adorer, le misérable!

MARTINEL.

Une canaille, enfin!

MADAME DE RONCHARD.

Oh! monsieur! C'était un homme du monde.

MARTINEL.

Ça n'empêche pas!...

MADAME DE RONCHARD.

Mais ne parlons pas de mes malheurs. Ce serait trop long et trop triste. Tout le monde est si heureux ici.

MARTINEL.

Et moi plus que tout le monde, je l'avoue. C'est un

si brave garçon que mon neveu! Je l'aime comme un fils. Moi, j'ai fait ma fortune dans le commerce...

MADAME DE RONCHARD, à part.

Ça se voit.

MARTINEL.

... le commerce maritime; lui, il est en train de faire la gloire de notre nom par sa renommée d'artiste; il gagne de l'argent avec ses pinceaux comme j'en ai gagné avec mes bateaux. Les arts, aujourd'hui, madame, ça rapporte autant que le commerce et c'est moins aléatoire. Par exemple, s'il est arrivé aussi vite, c'est bien à moi qu'il le doit. Mon pauvre frère mort, et sa femme l'ayant suivi de près, je me suis trouvé, garçon, seul avec le petit. Dame! je lui ai fait apprendre tout ce que j'ai pu. Il a tâté la science, la chimie, la musique, la littérature. Mais il mordait au dessin plus qu'à tout le reste. Ma foi, je l'ai poussé de ce côté. Vous voyez que ça a réussi. A trente ans, il est célèbre, il vient d'être décoré...

MADAME DE RONCHARD.

Décoré à trente ans, c'est tard pour un peintre.

MARTINEL.

Bah! il rattrapera le temps perdu. (Se levant.) Mais, je bavarde, je bavarde... Excusez-moi. Je suis un homme tout rond. Et puis, je suis un peu animé par le dîner. C'est la faute à Petitpré, son bourgogne est excellent, un vrai vin de conseiller à la cour. Et nous buvons bien, au Havre! (Il va finir son verre de fine champagne.)

MADAME DE RONCHARD, *à part.*

En est-il assez, du Havre!

MARTINEL, *revenant à Mme de Ronchard.*

Là! voilà la paix faite entre nous, n'est-ce pas? une vraie paix qui dure, que ne rompt pas une niaiserie comme celle qui a failli rompre ce mariage.

MADAME DE RONCHARD, *se levant et passant à gauche.*

Une niaiserie?... Vous en parlez bien à votre aise! Mais puisque c'est chose faite... C'est égal, je rêvais pour ma nièce un autre... berger que celui-là. Enfin, faute de grive, on mange un merle, comme dit le proverbe.

MARTINEL.

Un merle blanc, madame! Quant à votre nièce, c'est une perle. Et le bonheur de ces enfants fera le bonheur de mes derniers jours.

MADAME DE RONCHARD.

Je le souhaite, sans oser l'espérer, monsieur.

MARTINEL.

Allez, je possède bien la connaissance des mérites des femmes... et des vins supérieurs.

MADAME DE RONCHARD, *à part.*

Surtout!

MARTINEL.

Voilà tout ce qu'il faut dans la vie.

SCÈNE II.

LES MÊMES, plus PETITPRÉ, paraissant au fond, avec LÉON.

PETITPRÉ.

Puisque ça se passe comme tous les jours, voulez-vous faire une partie de billard avec moi, monsieur Martinel?

MARTINEL.

Je crois bien. J'adore le billard.

LÉON, descendant.

Comme papa!... Et il paraît que quand on aime le billard, c'est une passion. Vous êtes deux petits passionnés, quoi!

MARTINEL.

Voyez-vous, mon garçon, quand on avance dans l'existence, et qu'on n'a pas de famille, il faut bien se réfugier dans ces plaisirs-là. Avec la pêche à la ligne pour le matin, le billard pour le soir, on possède deux goûts sérieux et captivants.

LÉON.

Oh! oh! la pêche à la ligne! Se lever de grand matin; s'asseoir, les pieds dans l'eau, sous la pluie et le vent, dans l'espoir de prendre tous les quarts d'heure un poisson gros comme une allumette... Un goût captivant, ça?

MARTINEL.

Mais sans doute. Croyez-vous qu'il y ait un amoureux au monde capable d'en faire autant pour une femme pendant dix, douze ou quinze ans de sa vie? Allons donc, il y renoncerait au bout de quinze jours!

MADAME DE RONCHARD.

Ah! certes!

LÉON.

Moi, je me connais... Je n'attendrais pas la semaine!

MARTINEL.

Vous voyez bien.

PETITPRÉ.

Allons, mon cher Martinel. En cinquante, voulez-vous?

MARTINEL.

En cinquante, ça va! A tout à l'heure, madame de Ronchard!

MADAME DE RONCHARD.

En est-il assez, du Havre!

Martinel et Petitpré sortent par le fond.

SCÈNE III.

LÉON, Mme DE RONCHARD.

LÉON.

C'est un brave homme, ce M. Martinel. Peu cultivé, mais gai comme le soleil et droit comme une règle.

MADAME DE RONCHARD, assise à gauche.

Il manque de distinction.

LÉON, s'oubliant.

Et vous, ma tante!

MADAME DE RONCHARD.

Tu dis?

LÉON, se reprenant et allant à elle.

Je dis : Et vous, ma tante... Vous vous y connaissez... et vous pouvez juger mieux que personne... avec votre grande habitude du monde.

MADAME DE RONCHARD.

Mais certainement! Tu étais trop gamin pour t'en souvenir, mais j'ai été beaucoup dans le monde autrefois, avant ma ruine. J'y ai même eu des succès. A un grand bal de l'ambassade ottomane, où j'étais costumée en Salammbô...

LÉON.

Vous! en Carthaginoise!

MADAME DE RONCHARD.

Certainement, en Carthaginoise... Et j'étais joliment bien, va! C'était en mil huit cent soixante...

LÉON, s'asseyant près d'elle.

Pas de dates! je ne demande pas de dates!

MADAME DE RONCHARD.

Ne sois pas ironique.

LÉON.

Ironique, moi? A Dieu ne plaise! Seulement, comme vous ne vouliez pas de ce mariage et que moi j'en voulais et que ce mariage s'est fait... je suis content, que voulez-vous? Je triomphe, je triomphe même bruyamment ce soir... Mais demain, envolé, le triomphateur... Plus rien qu'un petit neveu respectueux, gentil... gentil... Allons, faites risette, ma tante! Vous n'êtes pas aussi méchante que ça, au fond, puisque vous avez eu la grandeur d'âme de fonder, à Neuilly, malgré votre fortune modeste, un hôpital... pour les chiens errants.

MADAME DE RONCHARD.

Que veux-tu? quand on est seule, quand on n'a

pas d'enfants... J'ai été si peu mariée!... Qu'est-ce que je suis, moi, au fond? Une vieille fille, et, comme toutes les vieilles filles...

LÉON.

Vous aimez les petits chiens...

MADAME DE RONCHARD.

Autant que je déteste les hommes!

LÉON.

Vous voulez dire un homme, votre mari. Et en ça vous n'avez pas tort.

MADAME DE RONCHARD.

Et si tu savais pour quelle femme, pour quelle fille, il m'a abandonnée, ruinée!... Tu ne l'as jamais vue, toi, cette femme?

LÉON.

Pardonnez-moi... une fois, aux Champs-Élysées. Je me promenais avec vous et papa. Un monsieur et une dame venaient à nous, vous avez été très émue, vous avez pressé le pas, tiré fiévreusement le bras de mon père et j'ai entendu que vous lui disiez à voix basse : « Ne regarde pas! C'est elle! »

MADAME DE RONCHARD.

Alors, qu'est-ce que tu as fait, toi?

LÉON.

Moi? J'ai regardé!

MADAME DE RONCHARD, se levant.

Et tu l'as trouvée horrible, hein?

LÉON.

Je ne sais pas, j'avais onze ans.

MADAME DE RONCHARD, passant à droite.

Tu es insupportable! Tiens, je te battrais.

LÉON, câlin, se levant.

Eh bien! non, là! vrai! c'est la dernière fois! Je ne serai plus méchant, je vous le promets! Pardonnez-moi.

MADAME DE RONCHARD, faisant mine de sortir par le fond.

Non!

LÉON.

Si!

MADAME DE RONCHARD, revenant.

Non! Si tu n'étais que taquin à mon égard, passe encore. Je sais me défendre. Mais tu as été imprudent vis-à-vis de ta sœur. Et cela, c'est plus grave!

LÉON.

Imprudent, moi?

MADAME DE RONCHARD, tapant sur la table à droite.

Oui. Ce mariage, c'est toi qui l'as fait.

LÉON, même jeu, à gauche de la table.

Certes! Et j'ai eu raison! Je ne me lasserai jamais de le dire.

MADAME DE RONCHARD, même jeu.

Et moi je ne me lasserai jamais de répéter que ce n'est pas un garçon comme celui-là qu'il fallait à Gilberte!

LÉON, même jeu.

Qu'est-ce qu'il fallait donc alors à Gilberte?

MADAME DE RONCHARD.

Un homme en place, un fonctionnaire, un médecin, un ingénieur.

LÉON.

Comme au théâtre.

MADAME DE RONCHARD.

Il y en a aussi dans la vie! Puis surtout pas un beau garçon.

LÉON.

C'est ça que vous reprochez à Jean? Mais c'est une énormité, ma tante, qu'on répète trop souvent dans le monde. Un homme n'a pas besoin d'être beau. S'ensuit-il qu'il doive être laid?

MADAME DE RONCHARD, s'asseyant sur le tabouret devant la table.

Mon mari était beau, lui, superbe même, un vrai cent-garde! Et je sais ce que ça m'a coûté.

LÉON.

Ça lui aurait peut-être coûté plus cher, à lui, s'il avait été laid. (Interrompant Mme de Ronchard qui va s'emporter.) D'ailleurs, Jean n'est pas beau, il est bien. Il n'est pas fat, il est simple. Il a de plus un talent qui grandit tous les jours. Il sera certainement de l'Institut. Ça vous fera plaisir, ça, qu'il soit de l'Institut? Ça vaudra bien votre ingénieur. Et puis, toutes les femmes le trouvent charmant, excepté vous.

MADAME DE RONCHARD.

C'est justement ce que je lui reproche. Il est trop bien. Il a déjà fait le portrait d'un tas de femmes. Il continuera. Elles resteront des heures seules avec lui, dans son atelier... Et nous savons ce qui s'y passe, dans les ateliers!

LÉON.

Vous y avez été, ma tante?

MADAME DE RONCHARD, offusquée.

Oh! (Se reprenant.) Ah! si, une fois, chez Horace Vernet.

LÉON.

Un peintre de batailles!

MADAME DE RONCHARD.

Enfin, je dis que tous ces artistes-là, ce n'est pas fait pour entrer dans une famille de magistrats comme la nôtre. Ça y amène des catastrophes. Est-il possible d'être un bon mari dans des conditions pareilles, avec un tas de femmes autour de soi qui passent leur temps à se déshabiller, à se rhabiller? Les clientes, les modèles... (Avec intention.) Les modèles surtout... (Elle se lève, Léon se tait.) J'ai dit les modèles, Léon.

LÉON.

J'entends bien, ma tante. C'est une allusion fine et délicate que vous faites à l'histoire de Jean. Eh bien, quoi! Il a eu pour maîtresse un de ses modèles, il l'a aimée, très sincèrement aimée pendant trois ans...

MADAME DE RONCHARD.

Est-ce qu'on aime ces femmes-là!

LÉON.

Toutes les femmes peuvent être aimées, ma tante, et celle-là méritait de l'être plus que bien d'autres.

MADAME DE RONCHARD.

Beau mérite, pour un modèle, d'être jolie. Ça rentre dans le métier, ça!

LÉON.

Métier ou non, c'est tout de même joli d'être jolie. Mais elle était mieux que jolie, celle-là, elle était d'une nature exceptionnellement tendre, bonne, dévouée...

.MADAME DE RONCHARD.

Il ne fallait pas qu'il la quitte, alors!

LÉON.

Comment, c'est vous qui me dites ça? Vous qui

tenez tant à l'opinion du monde? (Se croisant les bras.) Seriez-vous pour l'union libre, ma tante?

MADAME DE RONCHARD.

Quelle horreur!

LÉON, sérieux.

Non! la vérité c'est qu'il est arrivé à Jean ce qui est arrivé à bien d'autres avant lui, d'ailleurs. Une fillette de dix-neuf ans, rencontrée, aimée... un collage... (Se reprenant.) des relations intimes s'établissant peu à peu et durant pendant une, deux, trois années; la durée du bail au gré des locataires. Puis, à ce moment-là, rupture tantôt violente, tantôt douce, rarement à l'amiable. Et puis l'un à droite, l'autre à gauche... Enfin l'éternelle aventure banale à force d'être vraie. Mais ce qui distingue celle de Jean, c'est le caractère vraiment admirable de la femme.

MADAME DE RONCHARD.

Oh! oh! admirable? Mademoiselle... (S'interrompant.) Au fait, comment l'appelez-vous, cette fille? J'ai oublié, moi. Mlle Mus... Mus...

LÉON.

Musotte, ma tante... La petite Musotte...

MADAME DE RONCHARD.

Musette?... Peuh! c'est bien vieux jeu, ça! Le quartier Latin, la vie de Bohême... (Avec mépris.) Musette!

LÉON.

Mais non, pas Musette, Musotte, avec un O... Musotte à cause de son gentil petit museau... Vous comprenez? Musotte! ça dit tout!

MADAME DE RONCHARD, *avec mépris.*

Oui... la Musette fin de siècle, c'est encore pire... Mais, enfin, Musotte, ce n'est pas un nom, ça!

LÉON.

Aussi n'est-ce qu'un surnom, ma tante, son surnom de modèle... son vrai nom est Henriette Lévêque.

MADAME DE RONCHARD, *offusquée.*

Lévêque?...

LÉON.

Eh bien! oui, Lévêque! qu'est-ce que vous voulez, c'est comme ça, je n'y suis pour rien. Or Henriette Lévêque, ou Musotte si vous préférez, non seulement pendant toute cette liaison a été fidèle à Jean, l'adorant, l'entourant d'un dévouement, d'une tendresse toujours en éveil, mais à l'heure de la rupture, elle a fait preuve d'une force d'âme! Elle a tout accepté sans reproches, sans récriminations... elle a compris, la pauvre petite, que c'était fini, bien fini... Avec son instinct de femme, elle a senti combien l'amour de Jean pour ma sœur était réel et profond. Elle s'est inclinée, elle a disparu, acceptant non sans résistance la position indépendante que lui créait Jean. Et elle a bien fait d'accepter, car elle se serait tuée plutôt que de devenir une... (S'arrêtant, respectueusement à sa tante) une courtisane! Ça, j'en suis sûr!

MADAME DE RONCHARD.

Et depuis, Jean ne l'a pas revue?

LÉON.

Pas une fois. Et voilà de cela huit mois à peu près. Comme il désirait avoir de ses nouvelles, il me chargea d'en prendre. Je ne la trouvai pas. Et je ne pus rien savoir d'elle, tant elle avait mis d'adresse à cette fuite généreuse et noble. (Changeant de ton.) Mais je ne sais pas pourquoi je vous répète tout ça... Vous le savez aussi bien que moi, je vous l'ai déjà dit vingt fois.

MADAME DE RONCHARD.

C'est tellement invraisemblable que je ne le crois pas plus à la vingtième fois qu'à la première.

LÉON.

C'est la vérité pourtant.

MADAME DE RONCHARD.

Eh bien! si c'est la vérité, tu as tort d'aider Jean à rompre cette liaison avec une femme si... admirable.

LÉON.

Non, ma tante, j'ai fait mon devoir. Vous me traitez parfois d'écervelé et vous avez souvent raison. Mais vous savez aussi que je sais être sérieux quand il le faut. Si cette liaison vieille de trois ans avait encore duré, Jean perdait sa vie.

MADAME DE RONCHARD.

Qu'est-ce que ça peut nous faire?

LÉON.

C'est terrible pour un homme, ces... collages-là. Tant pis! j'ai dit le mot!... C'était mon devoir d'ami, je le répète, de tâcher d'y soustraire Jean, et mon devoir de frère de faire épouser à ma sœur un homme tel que lui. Et vous verrez que l'avenir me donnera raison... Et puis, quand vous aurez, plus tard, un petit-neveu ou une petite-nièce, à soigner, à dorloter... C'est ça qui enfoncera tous vos caniches de Neuilly.

MADAME DE RONCHARD.

Les pauvres chéris! Je ne les abandonnerai jamais. Tu sais que je les aime comme une mère!

LÉON.

Eh bien, vous deviendrez leur tante seulement, tandis que vous serez la mère de votre petit-neveu.

MADAME DE RONCHARD.

Tais-toi! tu m'exaspères.

JEAN, qui vient de paraître depuis un instant avec Gilberte dans la galerie du fond, à son domestique, au fond également.

Joseph! vous n'avez rien oublié?... Des fleurs partout!

LE DOMESTIQUE.

Que monsieur et madame soient tranquilles, ils trouveront tout en ordre.

Il disparaît.

LÉON, à sa tante.

Tenez! regardez-les, sont-ils gentils tous les deux!

SCÈNE IV.

LES MÊMES, plus JEAN et GILBERTE.

JEAN, à Mme de Ronchard, s'avançant vers elle.

Savez-vous de quoi nous parlions tout à l'heure, madame? Nous parlions de vous!

LÉON, à part.

Hum! hum!

JEAN.

Oui, je disais que je ne vous avais pas encore fait mon cadeau de noces, parce que cela m'a demandé beaucoup de réflexion.

MADAME DE RONCHARD, sèche.

Mais Gilberte m'en a fait un très beau pour vous deux, monsieur.

JEAN.

Ça ne suffit pas. Moi, j'ai cherché quelque chose qui fût particulièrement agréable à vos goûts... Savez-vous ce que j'ai trouvé? C'est bien simple. Je vous prie, madame, de vouloir bien accepter ce portefeuille qui contient quelques billets pour vos toutous abandonnés. Vous pourrez établir dans votre asile quelques niches supplémentaires, et vous me permettrez seulement d'aller caresser de temps en temps ces pensionnaires nouveaux, à la condition que vous ne choisirez pas les plus méchants pour moi.

MADAME DE RONCHARD, *flattée dans sa manie.*

Mais... merci bien, monsieur. C'est gentil de penser à mes pauvres bêtes.

LÉON, *bas à l'oreille de Jean.*

Diplomate, va!

JEAN.

Rien d'étonnant, madame. J'ai pour les bêtes beaucoup d'amical instinct. Ce sont les frères sacrifiés de l'homme, ses esclaves et sa nourriture, les vrais martyrs de cette terre.

MADAME DE RONCHARD.

Ce que vous dites là est fort juste, monsieur. J'y ai souvent songé. Oh! les pauvres chevaux, battus par les cochers dans les rues!

LÉON, *avec emphase.*

Et le gibier, ma tante, le gibier affolé, tombant

sous le plomb de tous les côtés, fuyant éperdu devant ces horribles massacres... pan! pan! pan!

MADAME DE RONCHARD.

Ne parle pas de ça... On en frémit... C'est épouvantable!

JEAN, allant à Gilberte.

Épouvantable!

LÉON, après un temps, gaiement.

Oui... mais c'est bon à manger!...

MADAME DE RONCHARD.

Tu es sans pitié!

LÉON, à voix basse, à sa tante.

Sans pitié pour les bêtes, peut-être; mais vous, vous l'êtes pour les gens.

MADAME DE RONCHARD, de même.

Qu'entends-tu par là?

LÉON, de même, lui montrant Jean et Gilberte qui se sont assis sur le canapé, à droite.

Croyez-vous que votre présence leur soit bien agréable, ce soir, à tous les deux? (Lui prenant le bras.) Papa a certainement fini de fumer... Allez un peu dans la salle de billard.

MADAME DE RONCHARD.

Et toi?

LÉON.

Moi, je descends au rez-de-chaussée, dans mon cabinet de travail... et je remonte aussitôt après.

MADAME DE RONCHARD, ironique.

Ton cabinet de travail... c'est ton atelier à toi, hein, polisson?... Les clientes?

LÉON, pudique.

Ah! ma tante... chez nous on ne se déshabille pas! (A part.) Hélas!... (Sortant par la droite, en bénissant les deux jeunes gens.) Enfants, je vous bénis! (Mme de Ronchard sort en même temps par le fond.)

SCÈNE V.

JEAN, GILBERTE, assis sur le canapé, à droite.

JEAN.

Oui, oui, vous êtes bien ma femme, mademoiselle.

GILBERTE.

Mademoiselle?

JEAN.

Oh! pardon. Tiens, je ne sais comment vous nommer.

GILBERTE.

Dites Gilberte, ça n'a rien de choquant.

JEAN.

Gilberte! Enfin, enfin, enfin, vous êtes ma femme.

GILBERTE.

En vérité, ce n'est pas sans peine.

JEAN.

Ah! quelle mignonne et énergique créature vous êtes! Comme vous avez lutté contre votre père, contre votre tante! C'est par vous, grâce à vous, que nous sommes l'un à l'autre; merci de tout mon cœur... qui vous appartient.

GILBERTE.

J'ai eu confiance en vous, voilà tout.

JEAN.

Rien que de la confiance?

GILBERTE.

Vous êtes fat. Vous me plaisiez aussi, et vous le saviez bien... Si vous ne m'aviez pas plu, ma confiance devenait inutile. On plaît d'abord; sans ça, rien à tenter, monsieur...

JEAN.

Dites Jean... comme j'ai dit Gilberte.

GILBERTE, *hésitante.*

Ce n'est pas la même chose... Il me semble... cependant... Non! je ne pourrais pas. (*Elle se lève et passe à gauche.*)

JEAN, se levant à son tour.

Comme je vous aime! Je ne suis pas un emballé, je vous le jure; je suis un homme qui vous aime, parce que j'ai découvert en vous des mérites inappréciables. Vous êtes une perfection douée d'autant de raison que de sentiment. Et votre sentiment ne ressemble en rien à la sentimentalité ordinaire des femmes. C'est cette grande et belle faculté d'attendrissement qui caractérise les nobles âmes et qu'on ne rencontre plus guère dans le monde. Et puis vous êtes jolie, très jolie, très gracieuse, d'une grâce spéciale, et j'adore la beauté, moi qui suis peintre... Et puis, avant tout, vous me séduisez... jusqu'à avoir effacé le reste du monde de ma pensée et de mes yeux.

GILBERTE.

Cela me fait beaucoup de plaisir de vous entendre; cependant, je vous prie de n'en pas dire davantage, car cela me gêne aussi un peu. Je sais bien pourtant, car je prévois à peu près tout, qu'il faut profiter d'aujourd'hui pour savourer toutes ces choses; ce sont là encore des paroles tremblantes de fiancé. Celles de plus tard seront délicieuses aussi peut-être, quand on s'exprime comme vous, et quand on aime comme vous paraissez m'aimer. Mais elles seront différentes.

JEAN.

Oh!

GILBERTE, s'asseyant sur le tabouret devant la table.

Parlez encore.

JEAN.

Ce qui m'a entraîné vers vous, c'est cette harmonie mystérieuse de la forme de votre être et de sa nature intime. Vous rappelez-vous ma première entrée dans cette maison?

GILBERTE.

Oui, très bien. C'est mon frère qui vous a amené dîner. Je crois même que vous avez fait quelque résistance.

JEAN, riant.

Est-il peu sûr, votre indiscret de frère! Ah! il vous a avoué cela... Je suis confus tout de même qu'il vous l'ait dit. J'en conviens, j'ai fait quelque résistance. J'étais un artiste accoutumé à notre société particulière, vivante et bruyante, libre de propos, et je fus un peu inquiet à l'idée de pénétrer dans un intérieur sérieux comme le vôtre, un intérieur à magistrats et à jeunes filles. Mais j'aime tant votre frère, je le trouve si imprévu, si gai, si sagement ironique et perspicace sous sa trompeuse légèreté, que je le suivrais partout, et je l'ai suivi chez vous. Et je l'en ai bien remercié, allez! Quand je suis entré dans ce salon où votre famille se tenait, vous disposiez en un vase de Chine des fleurs qu'on venait d'apporter; vous en souvenez-vous?

GILBERTE.

Oui, certainement.

JEAN.

Votre père me parla de mon oncle Martinel, qu'il

avait connu autrefois. Ce fut un trait d'union entre nous. Mais tout en causant, je vous regardais arranger vos fleurs.

GILBERTE, souriant.

Vous me regardiez même trop pour une première fois.

JEAN.

Je vous regardais en artiste, et j'admirais, vous trouvant délicieuse de figure, de tournure et de geste. Et puis, pendant six mois, je suis revenu souvent dans cette maison où votre frère m'invitait et où votre présence me rappelait. J'ai senti votre charme à la façon d'un aimant. C'était une attraction incompréhensible m'appelant vers vous sans cesse. (Il s'assied près d'elle, à droite de la table.) Alors, une idée confuse, celle que vous pourriez un jour devenir ma femme, s'est glissée en mon esprit, et j'ai fait se renouer des relations entre votre père et mon oncle. Les deux hommes sont devenus amis. N'avez-vous rien compris de mes manœuvres?

GILBERTE.

Compris? non; j'ai un peu deviné, par moments. Mais j'étais si surprise qu'un homme comme vous, en plein succès, si connu, si fêté, s'occupât tant d'une fillette aussi modeste que moi, que je ne pouvais croire vraiment à la sincérité de vos attentions.

JEAN.

Pourtant nous sûmes nous entendre et nous comprendre bien vite.

GILBERTE.

Votre caractère me plaisait. Je vous sentais très loyal : puis vous m'amusiez beaucoup, car vous m'apportiez de l'air artiste qui faisait vivre mes idées. Il faut avouer aussi que mon frère m'avait bien préparée à vous apprécier. Il vous aime beaucoup, Léon.

JEAN.

Je sais. Je crois même que c'est lui qui a eu le premier l'idée de ce mariage. (Après un court silence.) Vous rappelez-vous notre retour de Saint-Germain, quand nous avons été dîner au pavillon Henri IV?

GILBERTE.

Je crois bien.

JEAN.

Mon oncle et votre tante étaient dans le fond du landau. Vous et moi à reculons, et, dans l'autre voiture, votre père et Léon. Quelle belle nuit d'été! Vous aviez l'air très froid à mon égard.

GILBERTE.

J'étais si troublée!

JEAN.

Vous deviez pourtant vous attendre à ce que je vous pose un jour la question que je vous ai posée, car vous ne pouviez plus ignorer que je m'occupais beaucoup de vous et que mon cœur était conquis.

GILBERTE.

C'est vrai. N'importe, elle m'a surprise et bouleversée. Ah! j'y ai songé souvent depuis, et je n'ai jamais pu me rappeler la phrase dont vous vous êtes servi. Vous en souvenez-vous?

JEAN.

Non. Elle m'est venue aux lèvres, montée du fond de mon cœur, comme une prière éperdue. Je sais seulement que je vous ai dit que je ne reviendrais plus dans votre famille, si vous ne me laissiez pas un peu l'espoir d'en être un jour, quand vous me connaîtriez davantage. Vous avez réfléchi bien longtemps avant de me répondre, puis vous m'avez dit à voix si basse que j'hésitais à vous faire répéter...

GILBERTE, prenant la parole et répétant comme en rêve.

«... Ça me ferait de la peine de ne plus vous voir...»

JEAN.

Oui!

GILBERTE.

Vous n'avez rien oublié!

JEAN.

Est-ce qu'on oublie ça? (Avec une émotion profonde.) Savez-vous ce que je pense? En nous regardant bien l'un et l'autre, en étudiant bien nos cœurs, nos âmes et notre façon de nous comprendre, de nous aimer, je crois que nous sommes partis sur la vraie route du bonheur! (Il l'embrasse. Ils restent un moment silencieux.)

GILBERTE, se levant.

Mais il faut que je vous quitte. (Se dirigeant vers la porte de gauche.) Je vais me préparer pour notre départ. Vous, pendant ce temps, allez retrouver mon père.

JEAN, la suivant.

Oui, mais dites-moi avant que vous m'aimez.

GILBERTE.

Oui... je vous aime.

JEAN, lui mettant un baiser sur le front.

Ma bien-aimée!...

Gilberte disparaît par la gauche. Une seconde après Martinel arrive par le fond, l'air très agité, une lettre à la main.

MARTINEL, apercevant Jean, glisse vivement la lettre dans la poche de son habit, et se remettant :

Tu n'as pas vu Léon?

JEAN.

Non. Vous avez besoin de lui?

MARTINEL.

Rien qu'un mot à lui dire... un renseignement sans importance.

JEAN, l'apercevant.

Tenez! le voici!

Léon entre par la droite. Jean disparaît par le fond.

SCÈNE VI.

MARTINEL, LÉON.

MARTINEL, *allant vivement à Léon.*

J'ai à vous parler cinq minutes. Il nous arrive une chose terrible. De ma vie je n'ai éprouvé une émotion et un embarras pareils.

LÉON.

Dites vite.

MARTINEL.

Je finissais ma partie de billard quand votre domestique m'a apporté une lettre adressée à M. Martinel, sans prénom, avec la mention : « *Très urgent.* » Je la crois adressée à moi, je déchire l'enveloppe, et je lis des choses écrites à Jean, des choses qui m'ont enlevé toute raison, je viens vous trouver pour vous demander conseil, car il s'agit de prendre une résolution sur l'heure, à la minute même.

LÉON.

Parlez!

MARTINEL.

Je suis un homme d'action, monsieur Léon, et je ne demanderais l'avis de personne s'il s'agissait de moi; mais il s'agit de Jean... J'hésite encore pourtant... C'est si grave... Et puis, ce secret n'est pas à moi, je l'ai surpris.

LÉON.

Dites donc vite, et ne doutez pas de moi.

MARTINEL.

Je ne doute pas de vous. Tenez, voici cette lettre. Elle est du docteur Pellerin, le médecin de Jean, son ami, notre ami, un toqué, un viveur, un médecin de jolies femmes, mais incapable d'écrire ceci sans nécessité absolue. (Il passe la lettre à Léon qui la lit tout haut.)

LÉON, lisant.

« Mon cher ami, je suis désolé d'avoir à vous communiquer, surtout ce soir, ce que je suis obligé de vous dévoiler. Mais je me dis pour m'absoudre que si j'agissais autrement, vous ne me le pardonneriez peut-être pas. Votre ancienne maîtresse, Henriette Lévêque, est mourante et veut vous dire adieu. (Il jette un regard à Martinel, qui lui fait signe de continuer.) Elle ne passera pas la nuit. Elle meurt après avoir mis au monde, voilà une quinzaine de jours, un enfant que, au moment de quitter cette terre, elle jure être de vous. Tant qu'elle n'a couru aucun danger, elle était décidée à vous laisser ignorer l'existence de cet enfant. Aujourd'hui condamnée, elle vous appelle. Je sais combien vous avez aimé cette femme. Vous agirez comme vous le penserez. Elle demeure rue Chaptal, 31. Je vous serre les mains, mon cher ami. »

MARTINEL.

Voilà! Cela nous arrive ce soir, c'est-à-dire à la minute même où ce malheur menace tout l'avenir, toute la vie de votre sœur et de Jean. Que feriez-vous à ma place? Garderiez-vous cette lettre ou la livreriez-vous? En la gardant, nous sauvons peut-être la situation, mais cela me semble indigne.

LÉON, *énergiquement.*

Oui, indigne! Il faut donner la lettre à Jean.

MARTINEL.

Que fera-t-il?

LÉON.

Il est seul juge de ce qu'il doit faire! Nous n'avons pas le droit de lui rien cacher.

MARTINEL.

S'il me consulte?

LÉON.

Je ne crois pas qu'il le fasse. On ne consulte en ce cas-là que sa conscience.

MARTINEL.

Mais il me traite comme un père. S'il hésite un seul instant entre l'élan de son dévouement et l'écrasement de son bonheur, que lui conseillerai-je?

LÉON.

Ce que vous feriez vous-même.

6.

MARTINEL.

Moi, j'irais! et vous?

LÉON, résolument.

Moi aussi.

MARTINEL.

Mais votre sœur?

LÉON, tristement, s'assied devant la table.

Oui, ma pauvre petite sœur. Quel chagrin!

MARTINEL, après une hésitation, brusquement, passant de gauche à droite.

Non, c'est trop dur, je ne lui donnerai pas cette lettre. Je serai coupable, tant pis, je le sauve.

LÉON.

Vous ne pouvez pas faire ça, monsieur. Nous la connaissons tous deux, cette pauvre fille, et je me demande avec angoisse si ce n'est pas de ce mariage qu'elle meurt. (Se levant.) On ne refuse pas, quoi qu'il doive arriver, lorsqu'on a eu pendant trois ans tout l'amour d'une femme comme elle, d'aller lui fermer les yeux.

MARTINEL.

Que fera Gilberte?

LÉON.

Elle adore Jean... mais elle est fière.

MARTINEL.

Acceptera-t-elle? Pardonnera-t-elle?

LÉON.

J'en doute beaucoup, surtout après tout ce qui s'est déjà dit au sujet de cette femme dans la famille. Mais qu'importe! Il faut prévenir Jean tout de suite. Je vais le chercher et je vous l'amène. (Il se dirige vers la porte du fond.)

MARTINEL.

Comment voulez-vous que je lui annonce ça?

LÉON.

Donnez-lui simplement la lettre.

Il sort.

SCÈNE VII.

MARTINEL, seul.

Pauvres enfants! En plein bonheur, en pleine joie!... et l'autre, la pauvre, qui souffre et qui va mourir... Sacrebleu! la vie est par trop injuste quelquefois, et par trop féroce!

SCÈNE VIII.

MARTINEL, JEAN, LÉON.

JEAN, arrivant vivement par le fond.

Qu'y a-t-il, mon oncle?

MARTINEL.

Tiens, mon pauvre garçon, lis ça et pardonne-moi d'avoir ouvert cette lettre, j'ai cru qu'elle était pour moi. (Il la lui donne, puis le regarde lire; Léon fait de même de l'autre côté.)

JEAN, après avoir lu avec une émotion profonde, mais contenue, à lui-même.

Il le faut! Je le dois!... (A Martinel.) Mon oncle, je vous laisse près de ma femme. Ne dites rien avant mon retour; mais restez ici, quoi qu'il arrive. Attendez-moi. (Se tournant vers Léon.) Je te connais assez pour savoir que tu ne me désapprouves pas. Je te confie mon avenir. Adieu! (Il se dirige vers la porte de droite. Après un regard du côté de la porte de gauche qui est celle de la chambre de Gilberte.) C'est toi qui m'as donné l'amour de ta sœur. Tâche encore une fois de me le conserver!

Il sort vivement par la droite.

SCÈNE IX.

MARTINEL, LEON.

MARTINEL, assis à droite.

Qu'est-ce que nous allons faire maintenant? Qu'est-ce que nous allons dire? Quelles explications allons-nous donner?

LÉON.

Laissez-moi annoncer ça; c'est bien juste que ce soit moi, puisque j'ai fait le mariage!

MARTINEL, se levant.

N'importe. J'aimerais mieux être plus vieux de vingt-quatre heures. Ah! non, je n'apprécie pas les drames de l'amour. Et puis cette question d'enfant est épouvantable. Que va-t-il devenir, ce mioche-là? On ne peut pourtant pas le mettre aux Enfants-Trouvés! (Apercevant Gilberte.) Gilberte!

SCÈNE X.

Les Mêmes, GILBERTE, *arrivant par la gauche. Elle a quitté sa robe de mariée et a revêtu une robe élégante. Elle tient un manteau de soirée qu'elle place en entrant sur une chaise.*

GILBERTE.

Où est donc Jean?

LÉON.

Sois sans inquiétude, il va revenir tout à l'heure.

GILBERTE, *stupéfaite.*

Il est sorti?

LÉON.

Oui.

GILBERTE.

Il est sorti! lui! Ce soir?

LÉON.

Une circonstance, une circonstance grave, l'a forcé à s'absenter une heure!

GILBERTE.

Qu'est-ce qui se passe, qu'est-ce que tu me caches? C'est impossible. Il y a un malheur d'arrivé.

LÉON ET MARTINEL.

Mais non, mais non!

GILBERTE.

Lequel? Dis, parle.

LÉON.

Je ne peux rien dire. Attends une heure, c'est à lui seul qu'il appartient de te révéler la cause imprévue et sacrée qui l'a fait sortir en un pareil moment.

GILBERTE.

Quels mots tu emploies!... La cause imprévue et sacrée? Mais il est orphelin... Il n'a pas d'autres parents que son oncle. Alors, quoi? qui? pourquoi? Dieu! que j'ai peur!

LÉON.

Il y a des devoirs de toute sorte. L'amitié, la pitié, la compassion peuvent en imposer. Je ne dois rien dire de plus. Aie une heure de patience...

GILBERTE, à Martinel.

Vous, vous, son oncle, parlez, je vous en supplie! Que fait-il? Où est-il allé? Je sens, oh! je sens un affreux malheur sur moi, sur nous. Parlez, je vous en supplie!

MARTINEL, les larmes aux yeux.

Mais je ne peux pas parler non plus, ma chère enfant! je ne peux pas. Comme votre frère, j'ai promis de me taire, et j'aurais fait ce que fait Jean. Attendez une heure, rien qu'une heure.

GILBERTE.

Vous êtes ému! Il y a une catastrophe!

MARTINEL.

Mais non, mais non! Je suis ému de vous voir ainsi bouleversée, car je vous aime aussi de tout mon cœur. (Il l'embrasse.)

GILBERTE, à son frère.

Tu as parlé d'amitié, de pitié, de compassion?... Mais toutes ces raisons-là, on peut les avouer. Tandis qu'ici, en vous regardant tous les deux, je sens une chose inavouable, un mystère qui me fait peur!

LÉON, résolument.

Petite sœur, tu as confiance en moi?

GILBERTE.

Oui. Tu le sais bien.

LÉON.

Absolument?

GILBERTE.

Absolument!

LÉON.

Je te jure sur mon honneur que j'aurais agi tout à fait comme Jean, et que sa probité vis-à-vis de toi, sa probité peut-être exagérée depuis qu'il t'aime, est la seule cause qui lui ait laissé ignorer jusqu'à ce moment le secret qu'il vient d'apprendre.

GILBERTE, regardant son frère dans les yeux.

Je te crois, merci. Cependant, je tremble encore, et je tremblerai jusqu'à son retour. Puisque tu me jures que mon mari était ignorant de ce qui l'a fait me quitter en ce moment, je serai résignée, aussi forte que je le pourrai, et j'ai confiance en vous deux. (Elle tend la main aux deux hommes.)

SCÈNE XI.

LES MÊMES, M. DE PETITPRÉ, Mme DE RONCHARD entrant en même temps et vite par le fond.

PETITPRÉ.

Qu'est-ce que j'apprends? M. Jean Martinel vient de partir?

MARTINEL.

Il va revenir, monsieur.

PETITPRÉ.

Mais comment est-il parti, un soir comme celui-ci, sans un mot d'explication à sa femme? Car tu ne le savais point, n'est-ce pas?

GILBERTE, assise à gauche de la table.

Mon père, je ne le savais point.

MADAME DE RONCHARD.

Et sans un mot d'explication à la famille? C'est un manque de distinction!

PETITPRÉ, à Martinel.

Et quelle est la raison qui l'a fait agir ainsi, monsieur?

MARTINEL.

Votre fils la sait comme moi, monsieur; mais nous ne pouvons la révéler ni l'un ni l'autre. Votre fille, d'ailleurs, consent à l'ignorer jusqu'au retour de son mari.

PETITPRÉ.

Ma fille consent... mais je ne consens pas, moi. Car enfin, vous seul avez été prévenu de ce départ...

MADAME DE RONCHARD, frémissante, à Martinel.

C'est à vous qu'on a remis la lettre... C'est vous qui l'avez lue le premier.

MARTINEL.

Vous êtes déjà bien renseignée, madame. Il existe une lettre en effet. Mais je ne voulais pas garder la responsabilité de cette affaire, j'ai communiqué la lettre à votre fils, monsieur, en lui demandant son avis avec l'intention de le suivre.

LÉON.

Le conseil que j'ai donné est absolument conforme

à ce qu'a fait mon beau-frère, de sa propre impulsion d'ailleurs, et je l'en estime davantage.

PETITPRÉ, allant à Léon.

C'est moi qui devais être consulté et non toi. Si l'action est au fond excusable, le manque d'égards est absolu, impardonnable.

MADAME DE RONCHARD.

Un scandale!

LÉON, à son père.

Oui, il eût mieux valu te consulter, mais l'urgence ne le permettait pas. Tu aurais discuté, toi; ma tante aurait discuté, nous aurions tous discuté, toute la nuit; et en certains cas il ne faut pas perdre les secondes. Le silence était indispensable, jusqu'au retour de Jean. Il ne vous cachera rien, et tu jugeras, je l'espère, comme j'ai jugé moi-même.

MADAME DE RONCHARD, allant à Martinel.

Mais cette lettre? De qui venait-elle, cette lettre?

MARTINEL.

Je peux vous le dire, c'est d'un médecin.

MADAME DE RONCHARD.

D'un médecin... d'un médecin... mais alors, il y avait un malade!... et c'est auprès d'un malade qu'il l'a fait venir... Quel malade? Ah! je parie que c'est cette femme, son ancienne, qui lui joue ce tour-là aujourd'hui... Malade... elle aura fait semblant de s'empoisonner pour lui montrer qu'elle l'aime encore, qu'elle l'aime toujours... Ah! la rouée! (A Léon.) Et tu soutiens ces gens-là, toi?

LÉON, qui est remonté, redescendant.

Il eût été convenable, ma tante, de ne pas faire tout haut devant Gilberte des suppositions révoltantes de cette nature, alors que vous ne savez rien.

GILBERTE, se levant.

Je vous en prie, ne parlons plus de cela. Tout ce que j'entends en ce moment me déchire et me salit. J'attendrai mon mari, je ne veux rien savoir que de sa bouche, car j'ai confiance dans sa parole. S'il est arrivé un malheur, j'aurai du courage... mais je ne veux plus écouter des choses pareilles!

Elle sort par la gauche, accompagnée de Petitpré. — Un silence.

MADAME DE RONCHARD, à Léon.

Eh bien! Léon, triomphes-tu toujours? Tu vois, les maris beaux garçons? tous les mêmes!

ACTE II.

La chambre de Musotte. Ameublement coquet, mais sans luxe. Au fond, à gauche, un lit défait. A gauche, au premier plan, derrière un paravent qui la cache entièrement, Musotte étendue sur une chaise longue. Près du lit, un berceau dont la tête est tournée du côté du public. Sur la cheminée et sur le petit meuble à côté, fioles de pharmacie, tasse, réchaud, sucrier. Table à droite, premier plan.

SCÈNE PREMIÈRE.

MUSOTTE, endormie, LA BABIN, Mme FLACHE.

LA BABIN, à mi-voix.

Voilà qu'elle dort!

MADAME FLACHE, de même.

Oh! elle ne dormira pas longtemps, à moins que ce ne soit pour toujours.

LA BABIN.

Pas de chance, tout de même. Ça nous en donne-t-il du tintouin, c't'affaire-là! Aller perdre la vie pour un enfant.

MADAME FLACHE.

Que voulez-vous, madame Babin! Faut bien qu'on meure, puisqu'on naît. La terre deviendrait trop petite.

LA BABIN, *s'asseyant à droite de la table.*

On devrait s'en aller de la même façon, à la même âge, tout le monde; comme ça, y aurait point de surprise.

MADAME FLACHE, *versant du thé.*

Vous avez des idées simples, madame Babin. Moi, j'aime mieux ne pas savoir. Je voudrais finir comme on s'endort, une nuit, pendant le sommeil, sans souffrance, par un accident du cœur.

LA BABIN, *regardant la malade.*

Si c'est pas fou de s'avoir voulu lever sur une chaise longue, comme elle a fait! Le médecin l'a bien dit que ça pourrait la faire mourir du coup.

MADAME FLACHE, *s'asseyant à gauche de la table.*

Moi, je comprends ça. Quand on tient à un homme, voyez-vous, on fait toutes les folies. Et puis, quand on est coquette, nourrice, vous ne connaissez pas ça, vous autres de la campagne, on l'est dans l'âme, comme on serait dévote. C'est pour ça qu'elle a voulu faire un brin de toilette. Elle craignait d'être laide, vous comprenez. Il a fallu que je la peigne, que je l'arrange bien, que je lui fasse sa tête, comme on dit.

LA BABIN.

Ces Parisiennes!... Faut que ça se bichonne jusqu'au fin bout! (Un silence.) Viendra-t-il, son monsieur.

MADAME FLACHE.

Je ne crois pas. Les hommes n'aiment pas beaucoup ça, leurs anciennes qui les appellent dans ces moments-là. Et puis, il se marie aujourd'hui, ce pauvre garçon!

LA BABIN.

Ça, c'est une guigne!

MADAME FLACHE.

Vous pouvez le dire.

LA BABIN.

Pour sûr, il ne viendra pas. Dans ces cas-là, est-ce que vous iriez voir un homme, vous?

MADAME FLACHE.

Oh! si je l'avais bien aimé, oui, j'irais.

LA BABIN.

Même si vous en épousiez un autre, ce jour-là?

MADAME FLACHE.

Tout de même. Ça me remuerait le cœur, ça me ferait une émotion, une forte. Et j'aime ça, les émotions, moi!

LA BABIN.

Oh! moi, pour sûr, j'irais pas. Non, non, j'irais pas. J'aurais trop peur de me tourner les sangs.

MADAME FLACHE.

Le docteur Pellerin prétend que celui-là viendra.

LA BABIN.

Vous le connaissez beaucoup, ce médecin-là?

MADAME FLACHE.

Le docteur Pellerin?

LA BABIN.

Oui. Il a l'air d'un mirliflor.

MADAME FLACHE.

Ah! c'en est un, allez... mais un bon médecin aussi. Et puis drôle, mais drôle, et viveur! En voilà un qui se la coule douce. Il n'est pas pour rien médecin de l'Opéra, allez!

LA BABIN.

Ce freluquet de petit poseur?

MADAME FLACHE.

Un freluquet! Vous n'en trouverez pas beaucoup, des freluquets comme ça! Et puis, ce qu'il aime les femmes, oh! oh! Du reste, il y a beaucoup de médecins comme ça! C'est à l'Opéra que je l'ai connu.

LA BABIN.

A l'Opéra?

MADAME FLACHE.

Pendant huit ans, j'ai été danseuse, moi, telle que vous me voyez, danseuse à l'Opéra.

LA BABIN.

Vous, madame Flache?

MADAME FLACHE.

Oui. Maman était sage-femme et m'a fait apprendre le métier en même temps que celui de la danse, car elle disait qu'il faut toujours avoir deux cordes à son arc. La danse, voyez-vous, ça mène à tout, pourvu qu'on n'aime pas trop les primeurs, et malheureusement c'est mon cas. J'étais mince comme un fil à vingt ans, et agile! Mais j'ai engraissé, je me suis essoufflée, je suis devenue un peu lourde. Et puis, quand je n'ai plus eu maman, comme je possédais mes diplômes de sage-femme, j'ai pris sa suite et sa clientèle, j'ai ajouté le titre d'accoucheuse de l'Opéra; car c'est moi qui les accouche toutes. On m'aime beaucoup là-bas. Quand j'étais danseuse, je m'appelais Mlle Flacchi Ire.

LA BABIN.

Mademoiselle?... Vous vous êtes mariée depuis?

MADAME FLACHE.

Non. Mais une sage-femme doit toujours se faire appeler madame, c'est plus convenable. Ça donne de la confiance. Et vous, nourrice, d'où êtes-vous? Car enfin, vous ne faites que d'entrer ici et on ne m'a pas fait l'honneur de me consulter pour vous prendre.

LA BABIN.

Je suis des environs d'Yvetot.

MADAME FLACHE.

Vous nourrissez pour la première fois?

LA BABIN.

Pour la troisième. J'ai eu deux filles et un garçon.

MADAME FLACHE.

Votre mari est cultivateur? jardinier?

LA BABIN, simplement.

J'suis demoiselle.

MADAME FLACHE, riant.

Demoiselle, et vous en avez déjà eu trois? Mes compliments, vous êtes précoce. (Trinquant avec elle.) A la vôtre!

LA BABIN.

N'en parlez pas. Y a point de ma volonté. C'est le bon Dieu qui le veut comme ça. On n'y peut rien.

MADAME FLACHE.

Simple nature! Et, en revenant chez vous, vous en aurez peut-être un quatrième?

LA BABIN.

Ça se peut bien.

MADAME FLACHE.

Qu'est-ce qu'il fait, votre amoureux? N'y en a-t-il qu'un, au moins?

LA BABIN, *avec une révolte.*

Il n'y en a jamais eu qu'un, sur ma parole, sur mon salut! Il est garçon limonadier à Yvetot.

MADAME FLACHE.

C'est un beau gars?

LA BABIN, *orgueilleuse.*

Je crois bien que c'est un beau gars. (*En confidence.*) Si je vous dis tout ça, c'est que vous êtes une sage-femme, et une sage-femme, pour ces affaires-là, c'est comme qui dirait un curé au confessionnal. Mais vous, madame Flache, qui avez été danseuse d'Opéra, vous en avez eu aussi ben sûr, des amoureux, et des chouettes?

MADAME FLACHE, *flattée et rêveuse.*

Mais oui, quelques-uns.

LA BABIN, *riant.*

Et vous n'avez jamais eu... c't'accident-là? (*Elle montre le berceau.*)

MADAME FLACHE.

Non.

LA BABIN.

D'où vient ça?

MADAME FLACHE, se levant et allant à la cheminée.

Probablement parce que je suis une sage-femme.

LA BABIN.

Moi, j'en ai connu une qui en a eu cinq.

MADAME FLACHE, avec mépris.

Elle n'était pas de Paris.

LA BABIN.

Ça, c'est vrai. Elle était de Courbevoie.

MUSOTTE, d'une voix faible.

Personne n'est là?

MADAME FLACHE.

Elle se réveille. Voilà! voilà! (Elle replie le paravent qui masquait la chaise longue.)

MUSOTTE.

Il n'est pas encore venu?

MADAME FLACHE.

Non.

MUSOTTE.

Il arrivera trop tard... Mon Dieu! mon Dieu!

MADAME FLACHE.

Des idées... Il viendra!

MUSOTTE.

Et mon petit... mon enfant?

MADAME FLACHE.

Il dort comme un ange!

MUSOTTE, après s'être regardée dans une glace à main.

Je ne lui ferai plus peur comme ça! Ah! mon Dieu! mon petit! je veux le voir!

MADAME FLACHE.

Mais si je vous le montre, il va se réveiller; et qui sait s'il se rendormira de sitôt?

MUSOTTE.

Approchez le berceau. (Geste de refus de Mme Flache.) Si, si!... (Mme Flache et la nourrice approchent doucement le berceau.) Plus près, tout près... que je le voie bien, le chéri! mon enfant! mon enfant! Et je vais le quitter, je vais disparaître! Oh! mon Dieu, que c'est triste!

MADAME FLACHE.

Mais ne vous tourmentez pas, vous n'êtes pas si bas que ça. Ah! j'en ai vu revenir de plus loin. Tenez, vous venez de le réveiller. Emportons le berceau, nourrice. (Elles remettent le berceau en place. A la nourrice.) Laissez,

laissez, ça me regarde. Vous savez bien qu'il n'y a que moi qui le calme. (S'asseyant auprès du berceau, elle chantonne en berçant l'enfant.)

Une poule grise
Entre dans la r'mise
Pour y pondre un bon coco
A l'enfant qui fait dodo...
Dodo, dormez poulette!
Dodo, dormez poulot!

LA BABIN, près de la cheminée au fond, buvant de l'eau sucrée et fourrant du sucre dans ses poches, à voix basse.

Faut pas oublier la danraie! Et puis j'ons aperçu à la cuisine un reste de gigot à qui je dirions bien deux mots. J'crévions de faim, à c't'heure!

MADAME FLACHE, continuant la chanson plus bas.

Une poule noire
Entre dans l'armoire
Pour y pondre un bon coco
A l'enfant qui fait dodo...
Dodo, dormez poulette!
Dodo, dormez poulot!

MUSOTTE, sur sa chaise longue, après avoir gémi.

Il s'est endormi?

MADAME FLACHE, allant à elle.

Oui, mademoiselle. Comme un petit Jésus. Voulez-vous que je vous dise? Ce jeune homme-là, vous le conduirez à l'autel pour son mariage! C'est un bijou que votre mioche, ma petite; moi, j'en raffole.

MUSOTTE.

Vous le trouvez gentil?

MADAME FLACHE.

Foi de sage-femme, je n'en ai pas souvent mis au monde d'aussi jolis. C'est un plaisir de se dire qu'on a présenté à la lumière un amour comme ça.

MUSOTTE.

Et penser que dans quelques heures peut-être je ne pourrai plus le voir, le regarder, l'aimer!

MADAME FLACHE.

Mais non, mais non, vous vous montez la tête sans raison.

MUSOTTE.

Ah! je sais bien. Je vous ai entendue causer avec la nourrice. Je sais bien que ce sera bientôt fini, cette nuit peut-être. Est-ce que le docteur aurait écrit à Jean de venir me voir, ce soir, le soir de son mariage, si je n'étais pas perdue? (Coups de timbre. Elle pousse un cri.) Ah! le voilà! C'est lui. Allez vite ouvrir, madame Flache. Vite, vite, vite! Ah! mon Dieu, comme j'ai mal! (Elle regarde la porte du fond par où disparaît la sage-femme. Le docteur Pellerin apparaît, élégant, habit noir, cravate blanche.)

SCÈNE II.

Les Mêmes, Le DOCTEUR.

MUSOTTE, avec désespoir.

Ah! ce n'est pas lui!

LE DOCTEUR, allant à Musotte.

Il n'est pas encore venu?

MUSOTTE.

Il ne viendra pas.

LE DOCTEUR.

Il viendra, j'en suis sûr. Je le connais.

MUSOTTE.

Non.

LE DOCTEUR.

Je vous le jure. (Se tournant vers Mme Flache.) Il n'a pas répondu, n'est-ce pas?

MADAME FLACHE.

Non, monsieur le docteur.

LE DOCTEUR.

Il viendra. Elle, comment va-t-elle?

MADAME FLACHE.

Elle s'est un peu reposée.

MUSOTTE, très agitée.

C'est fini, c'est fini... Je sens que je ne me reposerai plus jusqu'à ce qu'il vienne, ou jusqu'à ce que je m'en aille sans l'avoir vu.

LE DOCTEUR.

Il viendra. Vous dormirez ensuite jusqu'à demain matin.

MUSOTTE.

Vous ne l'auriez pas fait venir ce soir si j'avais pu attendre seulement jusqu'à demain matin! (Coup de timbre, cris de Musotte qui balbutie :) Si ce n'est pas lui, si ce n'est pas lui, je suis perdue! (Mme Flache va ouvrir, Musotte écoute, on entend au dehors une voix d'homme. Elle murmure, désespérée :) Ce n'est pas lui!

MADAME FLACHE, rentrant, une fiole à la main.

C'est la potion du pharmacien.

MUSOTTE, très agitée.

Ah! mon Dieu, que c'est horrible! Il ne vient pas! Qu'est-ce que j'ai fait? Docteur, montrez-moi mon enfant. Je veux le voir encore!

PELLERIN.

Mais il dort, ma petite Musotte.

MUSOTTE.

Il a le temps de dormir, lui!

PELLERIN.

Voyons, voyons, calmez-vous!

MUSOTTE.

Si Jean ne vient pas, qui s'occupera de mon enfant? Car il est à lui, je vous le jure. Me croyez-vous? Je l'aimais tant!

PELLERIN.

Oui, ma petite, je vous crois, mais calmez-vous.

MUSOTTE, avec une agitation croissante.

Dites-moi... Quand vous êtes sorti tout à l'heure, où avez-vous été?

PELLERIN.

Voir un malade.

MUSOTTE.

Ce n'est pas vrai! Vous avez été voir Jean qui n'a pas voulu vous suivre, car il serait ici avec vous.

PELLERIN.

Parole d'honneur, non.

MUSOTTE.

Si, je le sens, vous l'avez vu, vous n'osez pas me le dire, vous avez peur de me tuer.

PELLERIN.

Ah, voilà la fièvre qui recommence. Ça ne peut pas continuer comme ça. Je ne veux pas que vous déraisonniez quand il entrera. (A Mme Flache.) Nous allons faire une piqûre! Donnez-moi la morphine, madame Flache. (Mme Flache va prendre une seringue à morphine sur la cheminée et la lui donne.)

MUSOTTE découvre elle-même son bras, puis murmure :

S'il n'y avait pas ça, je ne sais pas comment j'aurais supporté ces derniers jours. (Il la pique.)

PELLERIN.

Maintenant, vous allez dormir, je vous défends de parler, je ne vous réponds plus et je vous jure qu'avant un quart d'heure Martinel sera ici. (Elle s'étend docilement sur le dos et s'endort.)

LA BABIN, remettant lentement le paravent qui cache Musotte.

Comme elle s'endort! Une bénédiction, cette drogue-là! J'en voudrais tout de même pas pour moi! Ça me ferait trop peur! C'est des diableries! (Elle va s'asseoir près du berceau et lit un journal.)

MADAME FLACHE, à mi-voix, à Pellerin.

Ah! la pauvre femme! Quelle misère!

PELLERIN, de même.

Oui, c'est une brave fille! Il y a longtemps que je la connais avec Jean Martinel, qui lui a dû trois années de bonheur. Et puis, c'est une âme droite et simple!

MADAME FLACHE.

Viendra-t-il, ce M. Martinel?

PELLERIN.

Je le crois; c'est un homme de cœur, mais il n'a pas pu lâcher ainsi dare-dare sa femme et sa belle famille.

MADAME FLACHE.

Le fait est que c'est une fichue coïncidence... une vraie tuile!

PELLERIN.

Comme tu dis.

MADAME FLACHE, changeant de ton.

Où avez-vous été tout à l'heure? Ce n'est pas pour une malade que vous avez mis ce soir un habit et une cravate blanche?

PELLERIN.

J'ai été voir danser les premiers pas du ballet d'André Montargy.

MADAME FLACHE, intéressée, allant s'asseoir sur le bord de la table.

C'est bien, dites?

PELLERIN, s'asseyant à gauche de la table.

Très bien dansé!

MADAME FLACHE.

La nouvelle direction fait bien les choses.

PELLERIN.

Jeanne Mérali et Gabrielle Poivrier deviennent vraiment des sujets.

MADAME FLACHE.

Poivrier, la petite Poivrier... est-ce possible? Quant à Mérali, ça ne m'étonne pas. Elle est franchement laide, mais elle a de la pointe. Et Mauri?

PELLERIN.

Oh! une merveille, une vraie merveille, qui danse comme personne... Un oiseau de chair qui a des jambes au lieu d'ailes. C'est la perfection.

MADAME FLACHE.

Vous en êtes amoureux?

PELLERIN.

Non, j'admire. Tu sais que j'adore la danse, moi.

MADAME FLACHE.

Et les danseuses aussi, par moments, voyons... (Baissant les yeux.) T'as oublié!

PELLERIN.

On n'oublie jamais les artistes de ta valeur, ma chère.

MADAME FLACHE.

Vous moquez pas de moi.

PELLERIN.

Je ne me moque pas. Je te rends justice. J'ai même eu pour toi, jadis, quand j'étais tout jeune médecin, un fort béguin de six semaines. Tu ne regrettes pas ce temps-là, le temps de la grande fête?

MADAME FLACHE.

Un peu... Mais faut se faire une raison, quand on n'est plus jeune... D'ailleurs, je n'ai pas à me plaindre. Le métier de sage-femme va bien.

PELLERIN.

Tu gagnes de l'argent. On m'a dit que tu donnais des dîners.

MADAME FLACHE.

Je te crois. Et une bonne cuisine, va! Faites-moi donc le plaisir de venir dîner un de ces jours, mon petit docteur.

PELLERIN.

Mais oui, mon enfant, très volontiers.

MADAME FLACHE.

Avec d'autres médecins, ou tout seul?

PELLERIN.

Seul, si tu veux bien. J'aime pas le confrère. (Un coup de timbre.)

MUSOTTE, s'éveillant.

Ah! on a sonné... Allez donc voir.

Mme Flache sort. Silence. On écoute.

UNE VOIX, de l'autre côté de la porte.

Mme Henriette Lévêque?

MUSOTTE, poussant un cri aigu.

Ah! c'est lui! Le voilà! (Elle fait un effort pour se lever. — Jean Martinel paraît.) Jean, Jean! Enfin! (Elle se soulève et tend les bras vers lui.)

SCÈNE III.

LES MÊMES, JEAN MARTINEL.

JEAN s'élance et s'agenouille auprès de la chaise longue. Il lui embrasse les mains.

Ma pauvre petite Musotte! (Il se met à pleurer et s'essuie les yeux, puis ils restent immobiles. Jean enfin se relève et tend la main à Pellerin.)

PELLERIN.

J'ai bien fait?

JEAN.

Vous avez bien fait, merci!

PELLERIN, présentant.

Mme Flache, la sage-femme... La nourrice... (Montrant le berceau d'un geste grave.) Et voilà...

8

JEAN s'approche du berceau, lève le petit rideau, se penche et embrasse l'enfant dans sa niche de dentelles; puis se relevant :

Il semble bien portant.

PELLERIN.

Très bel enfant!

MADAME FLACHE.

Superbe! C'est un de mes bijoux du mois.

JEAN, à voix basse.

Et elle, comment va-t-elle?

MUSOTTE, qui a entendu.

Moi, je suis perdue. Je le sais bien, c'est fini. (A Jean.) Prends la petite chaise, assieds-toi là tout près de moi et nous allons causer tant que je pourrai encore parler. J'ai tant de choses à te dire! car nous ne nous reverrons plus. Toi, tu as le temps d'être heureux... Mais moi... moi... Oh! pardonne! pardonne! Je suis si contente de te voir que rien ne me coûte plus.

JEAN se rapproche d'elle.

Ne t'agite pas, ne remue pas.

MUSOTTE.

Comment veux-tu que je ne m'agite pas en te revoyant?

JEAN approche la petite chaise et s'assied, puis prend la main de Musotte.

Ma pauvre Musotte, quel choc j'ai reçu quand j'ai appris tout à l'heure que tu étais si malade!

MUSOTTE.

Aujourd'hui surtout, cela a dû te porter un rude coup?

JEAN.

Quoi! tu savais?

MUSOTTE.

Oui, depuis que je me sens si mal, je me suis informée de toi tous les jours pour ne pas m'en aller sans t'avoir revu et sans t'avoir parlé, car j'ai à te parler! (Sur un signe de Jean, Mme Flache, Pellerin et la Babin sortent par la droite.)

SCÈNE IV.

MUSOTTE, JEAN.

MUSOTTE.

Alors, tu as reçu la lettre?

JEAN.

Oui!

MUSOTTE.

Et tu es venu comme ça, tout de suite?

JEAN.

Certainement.

MUSOTTE.

Merci, ah! merci! Vois-tu, j'ai bien hésité à te faire prévenir, bien hésité jusqu'à ce matin; mais j'ai entendu la sage-femme causer avec la nourrice, j'ai compris que demain peut-être il serait trop tard et j'ai fait venir le docteur Pellerin pour savoir d'abord, pour t'appeler ensuite.

JEAN.

Comment ne m'as-tu pas fait appeler plus tôt?

MUSOTTE.

Je ne pensais point que cela deviendrait si grave. Je n'ai pas voulu troubler ta vie.

JEAN, montrant le berceau.

Mais cet enfant... Comment ne l'ai-je pas su?

MUSOTTE.

Tu ne l'aurais jamais su s'il ne m'avait pas tuée. Je t'aurais épargné cette peine, cette gêne dans ton existence. Tu m'avais donné, en me quittant, ce qu'il fallait pour vivre. C'était fini entre nous. Et puis, m'aurais-tu crue en un autre moment que celui-ci, si je t'avais dit : « C'est ton fils! »

JEAN.

Oui, je n'ai jamais douté de toi.

MUSOTTE.

Tu es bon comme toujours, mon Jean. Non, je ne te mens pas, va! Il est à toi, le petit, je te le jure à mon lit de mort, je te le jure devant Dieu!

JEAN.

Je t'ai dit que je te crois, que je t'aurais toujours crue...

MUSOTTE.

Ecoute. Voilà comment ça s'est passé. Sitôt après que tu m'as quittée, j'ai été malade... bien malade... J'ai pensé mourir, tant j'ai souffert. On m'a ordonné un changement d'air. Tu te souviens... C'était l'été... Je me suis rendue à Saint-Malo; tu sais, chez cette vieille parente dont je t'ai souvent parlé...

JEAN.

Oui... oui...

MUSOTTE.

C'est là, après quelque temps, que je me suis aperçue... Un enfant de toi! Mon premier mouvement a été de tout t'apprendre. Tu es un honnête homme... Tu aurais reconnu l'enfant... peut-être même aurais-tu renoncé à ton mariage... Ça, je ne l'ai pas voulu! C'était fini, n'est-ce pas? ça devait rester fini... Je savais bien que je ne pourrais être ta femme. (Riant.) Mme Martinel, moi, Musotte! Vois-tu ça?

JEAN.

Ah! ma pauvre amie! Comme nous sommes brutaux et durs, nous autres hommes, sans le savoir et sans le vouloir!

MUSOTTE.

Ne dis pas cela. Je n'étais pas faite pour toi. J'étais un petit modèle; toi, tu étais un artiste, et je n'ai jamais cru que tu me garderais. (Jean sanglote.) Non, va! ne pleure pas! Tu n'as rien à te reprocher; tu as toujours été bon pour moi. C'est Dieu qui est méchant pour moi!

JEAN.

Musotte!

MUSOTTE.

Mais laisse-moi continuer. Je suis restée à Saint-Malo, le plus longtemps que j'ai pu, en cachant mon état... Puis, je suis revenue à Paris et, quelques mois après, le petit est né. Un enfant! Quand j'ai compris ce qui m'arrivait, j'ai d'abord éprouvé de la peur... oui, de la peur... Puis, j'ai pensé qu'il était de ton sang, qu'il avait de ta vie, qu'il me resterait comme de toi! On est bête, quand on n'est pas instruite; on change d'idées comme s'il vous passait du vent dans l'esprit, et j'ai été contente tout à coup, j'ai été contente à la pensée que je l'élèverais, qu'il grandirait... qu'il m'appellerait maman... (Elle sanglote encore.) Il ne dira jamais maman, il ne m'embrassera jamais avec ses petits bras, puisque je vais le quitter, moi, et m'en aller, je ne sais pas où... là où tout le monde va! Mon Dieu! mon Dieu!

JEAN.

Calme-toi, ma petite Musotte. Est-ce que tu parlerais comme tu parles, si tu étais aussi malade que tu crois?

MUSOTTE.

Tu ne vois donc pas que la fièvre me brûle, que je perds la tête, que je ne sais plus ce que je dis?...

JEAN.

Mais non, mais non... calme-toi.

MUSOTTE.

Câline-moi, tu me calmeras.

JEAN, lui baise les cheveux, puis reprend.

Là... comme ça... ne me parle plus pendant quelques moments. Restons ainsi, l'un près de l'autre.

MUSOTTE.

Mais il faut que je te parle. J'ai tant de choses à te dire encore. Et je ne sais plus, ma tête m'échappe... Oh! mon Dieu! je ne sais plus! (Elle se soulève, regarde autour d'elle et aperçoit le berceau.) Ah! oui! Je sais. Je me rappelle... C'est lui, mon enfant. Dis-moi, qu'est-ce que tu feras de lui? Tu sais que je suis orpheline. Il va rester tout seul, tout seul au monde, ce petit. Écoute, Jean, j'ai toute ma tête revenue. Je comprendrai très bien ce que tu vas me répondre, et le calme de mes derniers moments en dépendra... Je n'ai personne à qui le laisser... que toi.

JEAN.

Je te jure de le prendre, de le recueillir, de l'élever.

MUSOTTE.

Comme un père?

JEAN.

Comme un père!

MUSOTTE.

Tu l'as déjà vu?

JEAN.

Oui.

MUSOTTE.

Va le regarder encore. (Jean va au berceau.) Il est gentil, hein?... Tout le monde est d'accord pour le dire. Regarde-le, ce pauvre petit, qui a seulement quelques jours de vie, qui est à nous, dont tu es le papa, dont je suis la maman, et qui n'aura plus de maman tout à l'heure... (Avec angoisse.) Promets-moi qu'il aura toujours un papa?

JEAN, allant à elle.

Je te le promets, ma chérie.

MUSOTTE.

Un vrai papa qui l'aimera bien?

JEAN.

Je te le promets.

MUSOTTE.

Qui sera bon, bon, bon, très bon pour lui?

JEAN.

Je te le jure.

MUSOTTE.

Et puis, j'ai encore quelque chose... Je n'ose pas.

JEAN.

Dis-le.

MUSOTTE.

Depuis que je suis revenue à Paris, j'ai cherché à te voir sans être vue de toi, et je t'ai aperçu trois fois. Tu étais avec elle, avec ta fiancée, ta femme... et un monsieur, son père, je crois. Oh! comme je l'ai regardée, elle? Je me demandais : « L'aimera-t-elle comme je l'ai aimé? le rendra-t-elle heureux? Est-elle bonne? » Dis-moi, crois-tu qu'elle soit très bonne?

JEAN.

Mais oui, je le crois.

MUSOTTE.

Tu en es bien certain, n'est-ce pas?

JEAN.

Mais oui.

MUSOTTE.

Je l'ai cru aussi, rien qu'à la voir passer. Elle est si jolie! J'ai été un peu jalouse. J'ai pleuré en rentrant. Mais comment vas-tu faire, toi, entre elle et ton fils?

JEAN.

Je ferai mon devoir.

MUSOTTE.

Ton devoir, c'est elle, ou lui?

JEAN.

C'est lui.

MUSOTTE.

Jean, écoute! Quand je ne serai plus, demande-lui de ma part, à ta femme, de la part d'une morte, de l'adopter, ce petit; de l'aimer, comme j'aurais fait; d'être sa maman, à ma place. Si elle est tendre et bonne, elle consentira. Dis-lui comme tu m'as vue souffrir, que ma dernière prière, ma dernière supplication sur la terre ont été pour elle. Le feras-tu?

JEAN.

Je te promets que je le ferai.

MUSOTTE.

Oh! merci, merci! je n'ai plus peur de rien; mon pauvre petit est sauvé, je suis heureuse, je suis tranquille. Ah! comme je suis calmée!... Tu ne sais pas, je l'ai appelé Jean, comme toi... Ça ne te contrarie pas, dis?

JEAN, pleurant.

Mais non!

MUSOTTE.

Tu pleures, tu m'aimes encore un peu, merci, Jean... merci... Ah! si je ne mourais pas! C'est possible pourtant, je vais mieux depuis que tu es ici, depuis que tu m'as promis tout ce que tu viens de me promettre, depuis que je suis rassurée. Donne-moi ta main. En ce moment je me rappelle toute notre vie, je suis contente, je suis presque gaie, j'ai envie de rire, tiens... J'ai envie de rire, je ne sais pas pourquoi. (Elle rit.)

JEAN.

Calme-toi, ma petite Musotte!

MUSOTTE.

Si tu savais comme il me vient des souvenirs! Te rappelles-tu quand j'ai posé pour ta Mendiante, pour ta Marchande de violettes et pour ta Femme coupable, qui t'a valu une première médaille?... Et le déjeuner chez Ledoyen le jour du vernissage? Plus de vingt-cinq à une table de dix! En a-t-on dit des folies, surtout le petit... le petit... comment s'appelle-t-il donc? Ce petit si rigolo qui fait toujours des portraits qui ne ressemblent jamais... Ah! oui, Tavernier... Et quand tu m'as installée chez toi, dans ton cabinet de débarras, où il y avait deux grands mannequins dont j'avais peur la nuit... Et je t'appelais, et tu venais me rassurer... Ah! que c'était drôle... tu te rappelles? (Elle rit encore.) Si cette vie-là pouvait recommencer! (Elle pousse un cri.) Ah! j'ai mal... j'ai mal... (A Jean qui veut aller chercher le docteur.) Non! reste! reste! (Un silence. Changeant brusquement de visage et de ton.) Vois! il fait un temps superbe. Si tu veux, nous irons avec l'enfant faire un tour sur un bateau-mouche... Ça m'amuse tant, les bateaux-mouches! C'est si gentil... Ça court sur l'eau, vite, vite, et sans bruit! Maintenant que je suis ta femme, je peux me lever, je suis guérie. Chéri! je n'aurais jamais cru que tu m'épouserais... Notre petit, regarde-le, comme il est joli, et comme il grandit... Il s'appelle Jean aussi, comme toi... J'ai mes deux petits Jean, à moi, bien à moi!... Comme je suis heureuse! Tu ne sais pas? Il a marché aujourd'hui pour la première fois... (Elle rit de nouveau, les bras tendus, montrant l'enfant qu'elle croit apercevoir devant elle.)

JEAN, pleurant.

Musotte, Musotte, tu me reconnais?

MUSOTTE.

Je crois bien que je te reconnais, puisque je suis ta femme! Embrasse-moi, chéri; embrasse-moi, mon amour...

JEAN la prend dans ses bras, sanglotant, répétant :

Musotte, Musotte!

A ce moment, Musotte se lève sur son séant, montre du geste à Jean le berceau vers lequel il se dirige en lui faisant : «Oui! oui!» de la tête. Quand Jean est arrivé près du berceau, Musotte, qui s'est levée sur les genoux, retombe inanimée sur la chaise longue.

JEAN, effrayé, appelant.

Pellerin! Pellerin!

SCÈNE V.

LES MÊMES, PELLERIN, Mme FLACHE, LA BABIN arrivant par la droite.

PELLERIN, qui a été vivement à Musotte, se penche et l'ausculte.

Le cœur ne bat plus. Un miroir, madame Flache.

JEAN.

Ah! j'ai peur!

Mme Flache donne la glace à main à Pellerin qui la fait passer lentement sur la bouche, puis d'une voix basse.

PELLERIN.

Elle est morte!

JEAN se jette sur la main de la morte et la baise longuement, puis, la voix grelottante de larmes.

Adieu, ma pauvre petite amie! Dire qu'il y a une minute, elle me parlait... Il y a une minute, elle me regardait, elle me connaissait, elle me voyait; c'est fini!

PELLERIN venant à lui et le prenant par l'épaule.

Allez-vous-en! Allez-vous-en! vous n'avez plus rien à faire ici. Votre devoir est accompli. Allez-vous-en!

JEAN, se levant.

Je m'en vais... Adieu, pauvre Musotte!

PELLERIN.

Moi, je me charge de tout ici, ce soir... Mais cet enfant, voulez-vous que je m'occupe de lui trouver un asile?

JEAN.

Non, non, je le prends. Je l'ai juré à la pauvre morte. Venez me rejoindre tout de suite chez moi avec lui... Puis j'aurai un autre service à vous demander... Mais... auprès d'elle... qui est-ce qui va rester auprès d'elle?

MADAME FLACHE.

Moi, monsieur. Et soyez tranquille; ça me connaît!

JEAN.

Merci, madame. (Il s'approche du lit, ferme les yeux à Musotte et l'embrasse longuement sur le front.) Adieu... pour toujours. (Puis il va lentement au berceau, l'entr'ouvre, embrasse l'enfant et lui dit d'une voix à la fois ferme et pleine de larmes :) A tout à l'heure, mon petit Jean!

Il sort brusquement par le fond.

ACTE III.

Même décor qu'au premier acte.

SCÈNE PREMIÈRE.

M. DE PETITPRÉ, Mme DE RONCHARD, M. MARTINEL, LÉON DE PETITPRÉ.

MADAME DE RONCHARD, debout, se promenant avec agitation.

Minuit moins sept! Voilà près de deux heures qu'il est parti!

LÉON, assis à gauche.

Mais, ma tante, en comptant une demi-heure de voiture pour aller, une demi-heure pour revenir, il lui reste tout juste une heure pour ce qu'il avait à faire.

MADAME DE RONCHARD.

C'est donc bien long, ce qu'il avait à faire!

LÉON.

Oui, ma tante. Et puis, pourquoi s'énerver en comptant les minutes? Votre agitation ne changera rien à l'événement, n'avancera pas le retour de Jean d'une seconde et ne fera pas marcher plus vite les aiguilles de la pendule.

MADAME DE RONCHARD.

Comment veux-tu qu'on ne s'énerve pas quand on est remplie de souci, quand le cœur bat et quand on sent que les larmes vous montent aux yeux?

LÉON.

Vous voyez bien, ma tante, que vous n'êtes pas si méchante que ça.

MADAME DE RONCHARD.

Tu m'agaces.

MARTINEL, assis près de la table.

Ne vous tourmentez pas, madame. La situation est délicate, mais elle n'est pas inquiétante, pas menaçante, si nous savons y apporter, au moment voulu, du sang-froid et de la raison.

LÉON.

Oui, ma tante. M. Martinel dit vrai.

MADAME DE RONCHARD, passant à droite.

Vous êtes à battre, tous les deux. Vous savez tout et vous ne voulez rien dire... Ah! les hommes sont terribles! Pas moyen de leur faire avouer un secret.

MARTINEL.

Jean va venir et il vous apprendra tout. Un peu de patience.

PETITPRÉ.

Oui, soyons calmes. Essayons de parler d'autre chose, ou de nous taire, si nous pouvons...

MADAME DE RONCHARD.

Se taire? C'est ce qu'il y a de plus difficile...

UN DOMESTIQUE entre par la droite.

On demande M. Martinel en bas.

MARTINEL.

Vous permettez? (Au domestique.) Bon! j'y vais.

Il sort à droite.

SCÈNE II.

LES MÊMES, moins MARTINEL, LE DOMESTIQUE.

MADAME DE RONCHARD, allant vivement au domestique.

Baptiste... Baptiste... Qui est-ce qui demande M. Martinel?

LE DOMESTIQUE.

Je ne sais pas, madame; c'est le concierge qui est monté.

MADAME DE RONCHARD.

Eh bien! allez voir sans vous montrer et vous reviendrez nous l'apprendre tout de suite.

PETITPRÉ, qui s'est levé à l'entrée du domestique.

Non! Je ne veux pas les espionner. Attendons. Ce ne sera pas long maintenant. (Au domestique.) Allez.

Le domestique sort.

MADAME DE RONCHARD, à Petitpré.

Je ne te comprends pas, Adolphe! Tu es d'un calme! On dirait qu'il ne s'agit pas du bonheur de ta fille. Moi, je bous.

PETITPRÉ.

Ça ne sert à rien.

MADAME DE RONCHARD.

Si on ne faisait que ce qui sert à quelque chose!

PETITPRÉ, s'asseyant près de la table, à droite.

Causons, au contraire; causons raisonnablement, maintenant que nous voilà en famille et que M. Martinel est parti.

MADAME DE RONCHARD, s'asseyant à droite.

S'il pouvait s'en retourner au Havre!

LÉON, s'asseyant à gauche de la table.

Ça ne changerait rien qu'il soit au Havre.

PETITPRÉ.

Quant à moi, je pense...

MADAME DE RONCHARD, l'interrompant.

Mon opinion, à moi, voulez-vous que je vous la dise? C'est qu'on nous prépare quelque chose; qu'on veut nous mettre dedans, comme on dit.

PETITPRÉ.

Mais pourquoi? Dans quel intérêt? M. Jean Martinel est un honnête homme, il aime ma fille. Léon, dont j'apprécie le jugement, bien qu'il soit mon fils...

LÉON.

Merci, papa!

PETITPRÉ.

...Léon a pour lui autant d'estime que d'amitié. Quant à l'oncle...

MADAME DE RONCHARD.

Ne parlons pas d'eux, si tu veux. C'est cette femme qui est en train de nous mettre dedans. Elle a joué quelque comédie et elle a choisi aujourd'hui pour le dénouement. C'est son coup de théâtre, son coup du traître...

LÉON.

Comme à l'Ambigu.

MADAME DE RONCHARD.

Ne ris pas. Je les connais, ces femmes-là. J'en ai assez souffert.

PETITPRÉ.

Eh! ma pauvre Clarisse, si tu avais su le comprendre, tu l'aurais tenu si bien, ton mari!

MADAME DE RONCHARD, *se levant.*

Qu'est-ce que tu appelles le comprendre? Pardonner, vivre avec ce coureur, rentrant on ne sait d'où? Je préfère encore ma vie brisée et ma solitude... avec vous!

PETITPRÉ.

Tu avais raison sans doute à ton point de vue d'épouse, mais il existe d'autres points de vue peut-être moins égoïstes et certainement supérieurs, comme celui de la famille.

MADAME DE RONCHARD.

De la famille? Tu dis que j'ai eu tort au point de vue de la famille, toi, un magistrat?

PETITPRÉ.

Ça m'a rendu très prudent, d'avoir été magistrat, d'avoir vu passer sous mes yeux tant de situations équivoques ou terribles qui, mettant ma conscience à la torture, m'ont donné de cruelles heures d'indécision. L'homme est souvent si peu responsable, les circonstances sont tellement puissantes, l'impénétrable nature est si capricieuse, les instincts sont si mystérieux, qu'il faut être tolérant et même indulgent devant les fautes qui ne ressemblent pas à des crimes et qui ne prouvent rien de scélérat ni de vicieux dans un être.

MADAME DE RONCHARD.

Tromper sa femme n'est pas scélérat? Tu dis cela devant ton fils? Voilà un joli enseignement! (Elle passe à gauche.)

LÉON.

Oh! j'ai mon opinion faite là-dessus, ma tante.

PETITPRÉ, se levant.

Ce fut un crime, ce n'en est presque plus un. Il est considéré aujourd'hui comme si naturel qu'on le punit à peine. On le punit par le divorce, châtiment de délivrance pour beaucoup. La loi préfère désunir à huis clos, timidement, plutôt que de sévir comme autrefois...

MADAME DE RONCHARD.

Vos théories d'aujourd'hui sont révoltantes... et je dis...

LÉON, se levant.

Ah! voilà M. Martinel!

SCÈNE III.

Les Mêmes, MARTINEL.

MARTINEL, très ému.

Je viens remplir une mission très délicate. Jean, qui s'est rendu chez lui avant d'oser se présenter ici, m'a envoyé le docteur Pellerin. Je suis chargé par lui de vous mettre au courant de la situation douloureuse où il se trouve, où nous nous trouvons tous.

MADAME DE RONCHARD.

Enfin! nous allons savoir quelque chose!

MARTINEL.

Par une lettre que vous allez lire, nous avons appris ce soir, chez vous, une nouvelle foudroyante. Une femme dont vous connaissez tous l'existence était à l'heure de mourir.

MADAME DE RONCHARD.

Oh! je l'avais bien prédit, qu'il s'agirait d'elle.

LÉON.

Laissez-le parler, ma tante.

MADAME DE RONCHARD.

Et maintenant qu'elle l'a vu, comment va-t-elle, votre mourante? Mieux, sans doute?

MARTINEL, *simplement.*

Elle est morte, madame, morte devant lui.

MADAME DE RONCHARD.

Juste ce soir!... C'est impossible!

MARTINEL.

Cela est pourtant, madame.

LÉON, *à part.*

Pauvre petite Musotte!

MARTINEL.

Il y a un point grave. Elle laisse un enfant, et cet enfant est de Jean.

MADAME DE RONCHARD, *stupéfaite.*

Un enfant!

MARTINEL, *à Petitpré.*

Lisez la lettre du médecin, monsieur. (*Il lui remet la lettre, Petitpré la lit.*)

MADAME DE RONCHARD.

Il avait un enfant, et il ne l'a pas dit, il ne l'a pas avoué, il nous l'a caché? Mais c'est infâme!

MARTINEL.

Il vient de l'apprendre tout à l'heure.

MADAME DE RONCHARD.

Il vient de... C'est trop fort à la fin! Vous vous moquez de nous, monsieur.

LÉON.

Mais, ma tante, laissez mon père répondre. Moi, je vais trouver Gilberte. Elle doit mourir d'anxiété. Nous n'avons pas le droit de lui cacher plus longtemps la vérité. Je vais la lui apprendre.

MADAME DE RONCHARD, l'accompagnant.

Tu auras beau dire et beau faire, tu n'arrangeras pas les choses.

LÉON, près de sortir à gauche.

En tous cas, je ne les embrouillerai pas comme vous le faites!

Il sort.

SCÈNE IV.

PETITPRÉ, MARTINEL, Mme DE RONCHARD.

PETITPRÉ, qui a fini de lire la lettre.

Alors, monsieur, vous affirmez que votre neveu ignorait la situation de cette femme?

MARTINEL.

Sur l'honneur!

MADAME DE RONCHARD.

C'est inadmissible!

MARTINEL.

Je vous répondrai d'un mot. S'il avait connu cette situation, comment aurait-il fait ce qu'il a fait ce soir?

PETITPRÉ.

Expliquez-vous plus clairement.

MARTINEL.

C'est bien simple! S'il avait connu plus tôt le danger que courait cette femme, aurait-il attendu la dernière heure, choisi ce soir enfin, cette minute suprême, pour aller dire adieu à cette mourante et pour vous révéler l'existence d'un fils illégitime?... Mais on les cache quand on veut et comme on veut, ces enfants-là, sacrebleu! Vous le savez aussi bien que moi, monsieur!... Pour nous jeter tous ainsi dans cette émotion et compromettre son avenir, il eût fallu que Jean fût un imbécile et ce n'en est pas un. Et s'il l'avait sue plus tôt, cette situation, pensez-vous qu'il ne me l'aurait pas confiée, à moi, et que j'aurais été assez bête, moi aussi, pour ne pas éviter ce désastre? Mais c'est clair comme le jour ce que je vous dis là.

MADAME DE RONCHARD, agitée, toujours allant et venant dans la partie gauche de la scène.

Clair comme le jour... clair comme le jour...

MARTINEL.

Mais oui. Si nous n'avions pas reçu cette nouvelle comme une balle qui tue toute réflexion, si nous avions eu le temps de raisonner, de nous concerter, nous pouvions vous cacher tout. Et du diable si vous en auriez jamais su quelque chose! Notre tort a été d'être trop sincères et trop loyaux. Je ne le regrette pas d'ailleurs. Il faut toujours agir loyalement dans la vie.

MADAME DE RONCHARD.

Permettez, monsieur...

PETITPRÉ.

Tais-toi, Clarisse. (A Martinel.) Soit, monsieur. Il ne s'agit pas de votre honneur ni de votre loyauté, absolument incontestables en toute cette affaire. Je veux bien admettre que votre neveu n'ait rien su de la situation. Mais l'enfant? Qu'est-ce qui vous prouve qu'il soit de lui?

MARTINEL.

Et à Jean, qu'est-ce qui le lui a prouvé? Il l'a cru cependant, et pourtant, sac à papier! ce n'était pas son intérêt de le croire! Ça n'a rien de réjouissant, un mioche qui vous pousse comme ça tout d'un coup sans qu'on s'y attende, et le soir même de votre mariage! Il l'a cru cependant. Et moi, et vous, et nous tous, nous n'accepterions pas ce qu'il a accepté, ce que le père a accepté? Allons donc! (Un temps.) Vous me demandez de vous prouver que cet enfant est le fils de Jean?

MADAME DE RONCHARD et PETITPRÉ.

Oui.

MARTINEL.

Prouvez-moi donc, vous, qu'il ne l'est pas!

MADAME DE RONCHARD.

Vous voulez l'impossible.

MARTINEL.

Vous aussi... Le vrai juge là dedans, voyez-vous, c'est mon neveu. Nous autres, nous n'avons qu'à le suivre.

MADAME DE RONCHARD.

Mais, cependant...

PETITPRÉ.

Tais-toi, Clarisse!... M. Martinel a raison.

MADAME DE RONCHARD.

Encore!

MARTINEL.

On n'a jamais à moitié raison, madame. (A Petitpré.) J'étais bien sûr que vous me comprendriez, monsieur. Vous êtes un homme de bon sens, vous!

MADAME DE RONCHARD.

Et moi, qu'est-ce que je suis donc, alors?

MARTINEL.

Vous êtes une femme du monde, madame.

MADAME DE RONCHARD.

Et c'est justement comme femme du monde que je proteste, monsieur! Vous aurez beau épiloguer, il n'y a pas moins là un fait : c'est que M. Jean Martinel apporte à son épouse, comme cadeau de noces, le jour de son mariage, un bâtard. Eh bien! je vous le demande, femme du monde ou non, est-ce qu'on peut accepter ces choses-là?

PETITPRÉ.

Ma sœur a raison, cette fois, monsieur Martinel.

MADAME DE RONCHARD.

Ce n'est pas trop tôt!

PETITPRÉ.

Il s'agit d'un fait qui existe, patent, indéniable, et qui crée pour nous une intolérable situation. Nous avons uni notre fille à un homme libre de tout lien, de toute entrave dans la vie. Et il arrive ce que vous savez. Les conséquences doivent en être supportées par lui, et non par nous. Nous sommes lésés et déçus dans notre confiance, et le consentement que nous avons donné à ce mariage, nous l'aurions certainement refusé dans les circonstances actuelles.

MADAME DE RONCHARD.

Si nous l'aurions refusé? Ah! ah! Plutôt deux fois qu'une! D'ailleurs, cet enfant, si on l'acceptait, deviendrait certainement une cause de brouille entre nous tous. Voyez Gilberte mère à son tour. Que de jalousies, de rivalités, de haines peut-être, entre cet intrus et les autres! Une pomme de discorde, que cet enfant-là.

MARTINEL.

Mais non, sacrebleu! Il ne sera un fardeau pour personne, ce petit. Grâce à Jean, sa mère lui aura laissé de quoi vivre largement; et plus tard, quand il sera un homme, il travaillera, que diable! Il fera comme j'ai fait, moi, comme font plus des neuf dixièmes du genre humain. Ce sera toujours un oisif de moins et ça n'en vaudra que mieux!

PETITPRÉ.

Mais d'ici là, qui s'en chargera?

MARTINEL.

Moi, si l'on veut. Je suis garçon, retiré des affaires. Ça m'occupera... ça me distraira... Je suis tout prêt à le prendre avec moi, ce mioche... (Regardant Mme de Ronchard.) A moins que madame, qui aime tant à sauver les chiens perdus...

MADAME DE RONCHARD.

Cet enfant!... à moi!... Oh! ce serait un comble! (Elle passe à droite.)

MARTINEL.

Vrai, madame, si vous y tenez, je vous céderai la place de bien bon cœur.

MADAME DE RONCHARD.

Mais, monsieur... Je n'ai pas dit...

MARTINEL.

Pas encore, c'est vrai... Mais vous le direz peut-être avant qu'il soit longtemps... car je commence à vous connaître, allez! Vous êtes une fausse méchante, vous, et pas autre chose!... Vous avez été malheureuse dans la vie... Ça vous a aigrie... comme le lait, qui tourne à la surface... mais au fond... beurre première qualité!

MADAME DE RONCHARD, *offusquée.*

Cette comparaison... Du lait... du beurre... Pouah! c'est écœurant!

PETITPRÉ.

Mais, Clarisse...

MARTINEL.

Voilà votre fille.

SCÈNE V.

LES MÊMES, plus GILBERTE et LÉON, *entrant de gauche.*

PETITPRÉ, *allant à sa fille.*

Avant de revoir ton mari... si tu dois le revoir, il faut que nous ayons décidé ensemble ce que tu vas répondre.

GILBERTE, *très émue, s'asseyant à gauche de la table.*

Je savais bien que c'était un malheur.

MARTINEL, *s'asseyant près d'elle.*

Oui, mon enfant. Mais il y a deux sortes de malheurs, ceux qui viennent de la faute des hommes et ceux qui viennent uniquement du hasard des faits, c'est-à-dire de la fatalité. Dans le premier cas, l'homme est coupable. Dans le second, il est victime. Me comprenez-vous bien?

GILBERTE.

Oui, monsieur.

MARTINEL.

Un malheur dont quelqu'un est victime peut atteindre cruellement aussi une autre personne. Le cœur de cette seconde blessée tout à fait innocente ne pardonnera-t-il pas à l'auteur involontaire de son mal?

GILBERTE, d'une voix douloureuse.

Cela dépend de la souffrance qu'elle a subie.

MARTINEL.

Cependant, vous avez su qu'avant de vous aimer, puis de concevoir la pensée et l'espoir de vous épouser, mon neveu avait eu... une liaison. Vous avez accepté ce fait qui n'a rien d'ailleurs d'exceptionnel.

GILBERTE.

Je l'avais accepté.

MARTINEL.

Votre frère vient de vous apprendre le reste.

GILBERTE.

Oui, monsieur.

MARTINEL.

Que dois-je répondre à Jean?

GILBERTE, se relevant et descendant.

Je suis trop bouleversée pour vous le dire encore.

Cette femme à laquelle je ne pensais point, dont l'existence m'était indifférente, sa mort me fait peur. Il me semble qu'elle vient de se dresser entre Jean et moi, et qu'elle y restera toujours. Tout ce que l'on m'a dit d'elle m'a fait mal étrangement. Vous l'avez aussi connue, cette femme, vous, monsieur?

MARTINEL, levé également.

Oui, madame, et je n'en peux dire que du bien. Votre frère et moi nous l'avons toujours considérée comme irréprochable vis-à-vis de Jean. Elle l'aima d'un amour vrai, dévoué, fidèle, absolu. J'en parle en homme qui a déploré profondément cette liaison, car je me considérais comme un père; mais il faut être juste pour tout le monde.

GILBERTE.

Est-ce que Jean l'aima beaucoup aussi?

MARTINEL.

Oui, certainement. Mais son amour s'affaiblit. Il y avait entre eux trop de distance morale et sociale. Il lui demeurait cependant attaché par reconnaissance de la profonde tendresse qu'elle lui avait donnée.

GILBERTE, grave.

Et Jean vient de la voir mourir?

MARTINEL.

Il eut le temps de lui dire adieu.

GILBERTE, à mi-voix.

Si je pouvais deviner ce qui s'est passé en lui à ce moment-là! Oh! cette morte, c'est bien pis pour moi que si elle était vivante!

MADAME DE RONCHARD, assise à droite, se levant et remontant.

Je ne te comprends plus, ma chère. Elle est morte, tant mieux pour toi. Dieu t'en délivre!

GILBERTE.

Non, ma tante; ce que j'éprouve est si pénible que j'aimerais mieux la savoir loin que de la savoir morte.

PETITPRÉ, descendant.

Moi, je l'admets, c'est là un sentiment de jeune femme émue par un affreux événement. Il n'y a qu'une complication grave là dedans, très grave : celle de l'enfant. Quoi qu'on fasse de lui, il ne sera pas moins le fils de mon gendre et un danger pour nous tous.

MADAME DE RONCHARD.

Et un ridicule. Voyez-vous un peu ce qu'en dirait le monde?

LÉON.

Laissons le monde tranquille, ma tante, et occupons-nous de nous-mêmes! (Allant à sa sœur.) Toi, Gilberte, est-ce que l'idée de l'enfant t'émeut beaucoup?

GILBERTE.

Oh! non, le pauvre petit.

PETITPRÉ.

Encore des folies de femmes qui ne comprennent rien de l'existence.

LÉON.

Eh! papa, pourquoi avons-nous tant de morales diverses, suivant que nous sommes spectateurs ou acteurs des événements? Pourquoi tant de différence entre la vie d'imagination et la vie réelle; entre ce qu'on devrait faire, ce qu'on voudrait que les autres fissent, et ce qu'on fait soi-même?... Oui! ce qui nous arrive est très pénible; mais la surprise de cet événement, sa coïncidence avec le jour du mariage, nous le rendent plus pénible encore. Nous grossissons tout de notre émotion, parce que c'est chez nous que ça se passe. Supposez un instant que vous ayez lu ça dans votre journal...

MADAME DE RONCHARD, assise à gauche de la table, avec indignation.

Est-ce que mon journal?...

LÉON.

... ou dans un roman! Que d'émotions! Que de larmes, mon Dieu! Comme votre sympathie irait vite à ce pauvre enfant dont la naissance a coûté la vie à sa mère!... Comme vous estimeriez Jean, franc, loyal, et bon sans défaillance! Tandis que s'il avait... lâché la mourante et fait disparaître le petit dans quelque village de banlieue, il n'y aurait pas assez de mépris pour lui... assez d'insultes... Il deviendrait un être sans cœur et sans entrailles... Et vous, ma tante, pensant aux innombrables toutous qui vous doivent la vie, vous vous écrieriez avec de grands gestes : « Quel misérable! »

MARTINEL, *assis à gauche.*

Mais certainement!

MADAME DE RONCHARD.

Les chiens valent mieux que les hommes!

LÉON.

Les enfants ne sont pas des hommes, ma tante. Ils n'ont pas encore eu le temps de devenir méchants.

PETITPRÉ.

Tout cela est très ingénieux, Léon, et tu plaides à ravir.

MADAME DE RONCHARD.

Si ça pouvait être comme ça au Palais!

PETITPRÉ.

Mais il ne s'agit pas ici de roman, ni de personnages imaginaires. Nous avons marié Gilberte avec un jeune homme dans les conditions normales.

MADAME DE RONCHARD.

Sans enthousiasme!

PETITPRÉ.

Sans enthousiasme, c'est vrai! Mais enfin, nous l'avons mariée tout de même. Or, le soir de ses noces, il nous apporte en cadeau... Je ne veux pas de ce présent qui braille!

LÉON.

Qu'est-ce que ça prouve, sinon que ton gendre est un brave garçon? Ce qu'il vient de faire en risquant son bonheur pour accomplir son devoir ne dit-il pas, mieux que n'importe quoi, combien il est capable de dévouement?

MARTINEL.

C'est clair comme le jour!

MADAME DE RONCHARD, à part.

Il est fatigant, cet homme du Havre!

PETITPRÉ.

Alors, tu admets que Gilberte, le jour de son entrée en ménage, devienne la mère adoptive du bâtard de la maîtresse de son mari?

LÉON.

Parfaitement, comme j'admets tout ce qui est noble et désintéressé. Et tu penserais comme moi s'il ne s'agissait pas de ta fille!

PETITPRÉ.

Non, c'est là une situation inacceptable!

LÉON.

Mais alors, qu'est-ce que tu proposes?

PETITPRÉ.

Mais, parbleu, un divorce! Le scandale de ce soir suffit.

MADAME DE RONCHARD, se levant.

Gilberte divorcée!... Mais tu n'y songes pas!... La moitié de nos amis lui fermant leur porte, la plupart de ses relations perdues... Le divorce!... Allez! allez! malgré vos lois nouvelles, il n'est pas entré dans nos mœurs et n'y entrera pas de sitôt... La religion le défend, le monde ne l'accepte qu'en rechignant, et quand on a contre soi la religion et le monde...

PETITPRÉ.

Cependant les statistiques prouvent...

MADAME DE RONCHARD.

Ah! les statistiques! On leur fait dire ce qu'on veut, aux statistiques!... Non! pas de divorce pour Gilberte! (Mouvement de détente de tous. D'une voix douce.) Une bonne petite séparation tout simplement, c'est admis, au moins, ça... c'est de bon ton... On se sépare... Je me suis séparée, moi... Tous les gens comme il faut se séparent, ça va très bien comme ça, tandis que divorcer...

LÉON, sérieux.

Il me semble à moi qu'une seule personne a le droit d'avoir une volonté et nous l'oublions trop! (A sa sœur.)

Tu as tout entendu... Tu es maîtresse de ton jugement et de ta décision... De toi, d'un mot, dépendent le pardon ou la rupture... Mon père t'a donné des arguments. Qu'est-ce que ton cœur a répondu?... (*Gilberte va parler, puis s'arrête et se met à pleurer.*) Songe aussi qu'en refusant de pardonner, tu me frappes moi-même et que si je te vois malheureuse de ton obstination à dire non... j'en souffrirai beaucoup. M. Martinel te demandait tout à l'heure une réponse pour Jean. Faisons mieux, je vais le chercher. C'est de ta bouche, c'est plutôt dans tes yeux qu'il apprendra son sort. (*L'amenant doucement à l'avant-scène.*) Petite sœur, petite sœur, ne sois pas trop fière... ne sois pas vaniteuse. Écoute ce que te dit ton chagrin dans ton âme... Écoute bien... pour ne pas le confondre avec l'orgueil.

GILBERTE.

Mais je n'ai pas d'orgueil. Je ne sais pas ce que je sens. J'ai mal. J'ai de la joie gâtée qui m'empoisonne...

LÉON.

Prends garde. Il suffit de si peu en des moments comme celui-ci, pour faire des blessures inguérissables!

GILBERTE.

Non... non... Je suis trop émue... Je serais peut-être dure, j'ai peur de lui et de moi... J'ai peur de tout briser ou de tout céder...

LÉON.

J'y vais...

GILBERTE, *résolue.*

Non... je ne veux pas... je te le défends...

LÉON.

Veux-tu que je te dise, ma petite Gilberte? Tu es moins chic que je n'aurais cru!

GILBERTE.

Pourquoi?

LÉON.

Parce qu'en des moments comme celui-ci, il faut savoir répondre oui ou non tout de suite.

Jean parait à droite.

SCÈNE VI.

LES MÊMES plus JEAN MARTINEL, *debout sur le seuil de la porte.*

GILBERTE, *avec un cri étouffé.*

C'est lui!...

LÉON, *allant à lui et lui serrant les mains.*

Toi?

JEAN.

J'étais comme le prévenu qui attend l'arrêt des juges : l'acquittement ou la mort. Ces moments que je viens de passer, je ne les oublierai jamais!

LÉON.

Ton oncle et moi nous avons dit tout ce que nous avions à dire. Parle.

JEAN.

Ah! moi, je ne saurais... C'est à ma femme seule... Devant tous, je n'oserais pas... Je lui demande un instant; après, je pars et je quitte cette maison si son attitude me l'indique. Je ferai ce qu'elle voudra, je deviendrai ce qu'elle ordonnera; mais je veux entendre de sa bouche sa décision sur ma vie. (A Gilberte.) Vous ne pouvez pas me refuser cela, madame. C'est la seule prière que je vous adresserai jamais, je vous le jure, si ma supplication vers vous demeure inexaucée. (Ils sont debout face à face et se regardent.)

GILBERTE.

Non, je ne peux pas refuser, en effet. Mon père, ma tante, voulez-vous me laisser seule quelques minutes avec... M. Martinel? Vous voyez que je suis très calme.

PETITPRÉ.

Cependant...

JEAN, vivement, à M. de Petitpré.

Monsieur, je ne contredirai en rien votre volonté. Je ne ferai rien sans votre approbation. Je ne suis pas revenu ici pour braver votre autorité ni pour parler d'un droit. Je vous demande respectueusement la permission de rester seul quelques minutes avec... ma femme. Pensez que c'est là peut-être notre dernière entrevue et que notre avenir à tous deux en dépend.

MADAME DE RONCHARD.

C'est seulement l'avenir de Gilberte qui nous occupe.

JEAN, à Mme de Ronchard.

J'en appelle simplement à votre cœur, madame, à votre cœur qui a souffert. N'oubliez pas que votre irritation et votre amertume contre moi viennent du mal qu'un autre vous a fait. Votre vie a été brisée par lui, ne m'en veuillez pas à moi. Vous avez été malheureuse, mariée à peine un an... (Montrant Gilberte.) Voulez-vous qu'elle soit mariée à peine un jour et que plus tard elle parle de sa vie brisée, gardant sans cesse le souvenir du désastre de ce soir? (Sur un mouvement de Mme de Ronchard.) Je vous sais bonne, quoique vous vous défendiez de l'être, et je vous promets, madame, que si je reste le mari de Gilberte, je vous aimerai comme un fils, comme celui que vous étiez digne d'avoir.

MADAME DE RONCHARD, très émue, en elle-même.

Un fils!... Il m'a tout émue!... (A mi-voix à Petitpré.) Allons, Adolphe, laissons-les seuls, puisqu'il le demande. (Elle embrasse Gilberte.)

PETITPRÉ, à Jean.

Eh bien! soit, monsieur!

Il remonte et sort par le fond en donnant le bras à sa sœur.

MARTINEL, à Léon.

Ils vont se parler avec ça... (Il se frappe le cœur.) C'est la vraie éloquence!

Il sort par le fond avec Léon.

SCÈNE VII.

GILBERTE, JEAN.

JEAN.

Vous savez tout, n'est-ce pas?

GILBERTE.

Tout, et j'ai été meurtrie profondément.

JEAN.

J'espère que vous n'avez supposé aucun mensonge ni même aucune dissimulation de ma part?

GILBERTE.

Oh! non!

JEAN.

M'avez-vous blâmé d'avoir été là-bas ce soir?

GILBERTE.

On ne blâme pas quelqu'un qui fait son devoir.

JEAN.

Vous n'ignoriez pas cette femme... Et puis, elle est morte.

GILBERTE.

C'est parce qu'elle est morte qu'elle me trouble ainsi.

JEAN.

Ce n'est pas possible, vous avez une autre raison... (D'une voix hésitante.) L'enfant!

GILBERTE, vivement.

Non, non, vous vous trompez. Pauvre petit! Est-ce que c'est sa faute, tout cela? Non. Je souffre de quelque chose qui est uniquement en moi, qui ne vient que de moi et que je ne peux pas vous confesser. C'est une douleur de mon cœur, si vive quand je l'ai sentie naître sous la parole de mon frère et de votre oncle, que, si je devais l'éprouver en vivant près de vous, en femme, je ne m'y résoudrais jamais.

JEAN.

Mais quoi donc?

GILBERTE.

Je ne peux pas vous le dire. (Elle s'assied à gauche.)

JEAN, debout.

Écoutez-moi. Il ne faut pas qu'il y ait en ce moment, entre nous, une ombre de malentendu. Toute notre vie en dépend. Vous êtes ma femme, mais je vous considère comme libre absolument après ce qui vient d'arriver. Je ferai ce que vous voudrez, je me prêterai à toutes les combinaisons possibles, même, si vous l'exigez, au divorce. Mais qu'adviendra-t-il de moi ensuite? Je ne sais pas, car je vous aime tellement que la pensée de vous perdre ainsi, après vous avoir conquise, me jetterait sans doute en quelque résolution désespérée. (Sur un mouvement de Gilberte.) Je ne cherche pas à vous attendrir, à vous émouvoir, je vous dis la vérité toute simple. Je sens, et j'ai senti durant toute cette nuit, à travers les secousses et les émotions affreuses du drame subi et traversé, que vous en étiez pour moi la grande blessure! Si vous me repoussez, je suis un homme perdu.

GILBERTE, émue.

M'aimez-vous vraiment tant que cela?

JEAN.

D'un amour que je sens inguérissable.

GILBERTE.

Mais vous l'avez aimée, elle?

JEAN.

J'ai été épris. J'ai éprouvé un tendre attachement pour un être gentil, dévoué... (A mi-voix, avec passion.) Tenez... ce que je vais vous avouer est indigne, infâme peut-être... mais je ne suis qu'un être humain, faible comme les autres... Eh bien! tout à l'heure, auprès de cette pauvre fille, mes yeux pleuraient, les sanglots m'étouffaient; tout mon être vibrait douloureusement; mais là, dans mon âme, au plus profond de mon âme, je ne pensais qu'à vous!...

GILBERTE, se levant vivement.

Vrai?

JEAN, simplement.

Je ne sais pas mentir.

GILBERTE.

Eh bien! savez-vous ce qui m'a fait tant souffrir tout à l'heure quand mon frère me racontait cette liaison et cette mort? Je peux vous le dire maintenant : J'ai été jalouse. C'est vilain, n'est-ce pas? Jalouse de cette morte! Mais, il a si bien parlé d'elle pour m'apitoyer et j'ai senti qu'elle vous aimait tant, que vous me trouveriez peut-être indifférente et froide après elle. Et j'ai souffert de ça, j'ai eu peur de ça, jusqu'à vouloir renoncer à vous.

JEAN.

Et maintenant... Gilberte?

GILBERTE, lui tend ses deux mains.

Me voici, Jean.

JEAN.

Ah! merci... merci! (Lui baisant les mains. Puis, aussitôt après, avec émotion.) Mais voilà qu'une autre angoisse me saisit : j'ai promis à cette pauvre femme de prendre et de garder l'enfant avec moi... (Mouvement de Gilberte.) Ce n'est pas tout... Savez-vous quel fut son dernier vœu, quelle fut sa dernière prière?... Elle m'a supplié de vous le recommander...

GILBERTE.

A moi?

JEAN.

A vous, Gilberte.

GILBERTE, *très émue.*

Elle a fait cela, la pauvre femme?... Elle a cru que je prendrais?...

JEAN.

Elle l'a espéré, et sa mort en fut adoucie.

GILBERTE, *exaltée, passant à droite.*

Mais oui, je le prends! où est-il?

JEAN.

Chez moi.

GILBERTE.

Chez vous? Mais il faut y aller tout de suite.

JEAN.

Que je m'en aille, que je vous quitte en cet instant?

GILBERTE.

Non... Nous irons tous les deux, puisque je devais m'installer chez vous ce soir...

JEAN, *joyeux.*

Oh! Gilberte! Mais votre père ne vous laissera pas partir.

GILBERTE.

Eh bien! savez-vous ce qu'il faut faire puisque mon déménagement est accompli et que ma femme de chambre m'attend chez vous? Il faut m'enlever, monsieur.

JEAN.

Vous enlever?

GILBERTE.

Donnez-moi mon manteau et partons. Tout s'arrangera, tout s'expliquera demain... (Lui montrant le manteau qu'elle a laissé au premier acte sur la chaise près de la porte à gauche.) Mon manteau!...

JEAN, prenant vivement le manteau et le lui mettant sur les épaules.

Vous êtes la plus adorable des créatures! (Il lui prend le bras et ils se dirigent vers la droite.)

SCÈNE VIII.

LES MÊMES, Mme DE RONCHARD, PETITPRÉ, MARTINEL, LÉON, arrivant par le fond.

MADAME DE RONCHARD.

Eh bien! Qu'est-ce qu'ils font!... Vous partez maintenant?

PETITPRÉ.

Que signifie?

GILBERTE.

Oui, père, je partais... Je m'en allais avec mon mari, mais je serais venue demain vous demander pardon de cette fuite... et vous en expliquer toutes les raisons.

PETITPRÉ.

Tu t'en allais sans nous dire adieu... sans nous embrasser?

GILBERTE.

Oui, pour éviter d'entendre encore discuter.

LÉON.

Elle a raison, qu'ils s'en aillent, qu'ils s'en aillent!

GILBERTE, sautant au cou de Petitpré.

A demain, père! A demain, ma tante!... Adieu, tout le monde, je n'en peux plus d'émotion et de fatigue.

MADAME DE RONCHARD, allant à elle et l'embrassant.

Oui, va vite, ma chérie! Il y a là-bas un petit enfant qui attend une mère!

La première donnée de *Musotte* se trouve dans *L'Enfant* (*Clair de Lune*). Les actes I et III sont de Maupassant, l'acte II, de M. Jacques Normand. Le manuscrit a pour titre : *Un soir de noces.*

Le 23 mai 1890, il écrit à sa mère : «J'ai promis à Koning, directeur du Gymnase, de refaire la pièce que Normand a tirée de mon conte *L'Enfant.* Koning, qui est le plus adroit des directeurs de Paris, croit à un gros succès de cette pièce pour l'hiver prochain, quand je l'aurai modifiée comme nous en sommes convenus.» Et le 22 février 1891 : «J'ai assisté hier à une répétition de notre pièce et j'ai voulu t'écrire tout de suite. Ça ne va pas mal. Ça ne sera pas un *grand* succès, mais je crois qu'un four n'est pas à redouter. Mme Pasca a accepté un rôle par amitié pour moi, car ce n'est pas un premier rôle. Ce n'est même pas un rôle excellent pour elle. Enfin elle y est bonne.»

LA

PAIX DU MÉNAGE

PERSONNAGES.

M. DE SALLUS........................	MM. WORMS.
M. JACQUES DE RANDOL...............	LE BARGY.
Mme DE SALLUS.......................	Mlle BARTET.

A Paris, de nos jours.

Cette pièce a été représentée pour la première fois, à Paris, à la Comédie-Française, le lundi 6 mars 1893.

LA
PAIX DU MÉNAGE.

ACTE PREMIER.

SCÈNE PREMIÈRE.

Mme DE SALLUS, dans son salon, lit au coin du feu. JACQUES DE RANDOL entre sans bruit, regarde si personne ne le voit et vivement la baise sur les cheveux. Elle a un sursaut, pousse un petit cri et se retourne.

MADAME DE SALLUS.

Oh! que vous êtes imprudent!

JACQUES DE RANDOL.

Ne craignez rien, on ne m'a point vu.

MADAME DE SALLUS.

Mais les domestiques?

JACQUES DE RANDOL.

Dans l'antichambre.

MADAME DE SALLUS.

Comment!... on ne vous a pas annoncé!

JACQUES DE RANDOL.

Non... on m'a ouvert la porte, simplement.

MADAME DE SALLUS.

Mais à quoi pensent-ils?

JACQUES DE RANDOL.

Ils pensent, sans doute, que je ne compte plus.

MADAME DE SALLUS.

Je ne leur permettrai pas cela. Je veux qu'on vous annonce. Cela aurait mauvais air.

JACQUES DE RANDOL, riant.

Ils vont peut-être se mettre à annoncer votre mari...

MADAME DE SALLUS.

Jacques, cette plaisanterie est déplacée.

JACQUES DE RANDOL.

Pardon. (Il s'assied.) Attendez-vous quelqu'un?

MADAME DE SALLUS.

Oui,... probablement. Vous savez que je reçois toujours quand je suis chez moi.

JACQUES DE RANDOL.

Je sais qu'on a le plaisir de vous apercevoir cinq

minutes, juste le temps de vous demander des nouvelles de votre santé, et puis paraît un monsieur quelconque, amoureux de vous, bien entendu, et qui attend avec impatience que le premier arrivé s'en aille.

MADAME DE SALLUS, souriant.

Que voulez-vous y faire? Du moment que je ne suis pas votre femme, il faut bien qu'il en soit ainsi.

JACQUES DE RANDOL.

Ah! Si vous étiez ma femme!...

MADAME DE SALLUS.

Si j'étais votre femme?

JACQUES DE RANDOL.

Je vous emmènerais, pendant cinq ou six mois, loin de cette horrible ville, pour vous posséder tout seul.

MADAME DE SALLUS.

Vous en auriez vite assez.

JACQUES DE RANDOL.

Ah! mais non.

MADAME DE SALLUS.

Ah! mais oui.

JACQUES DE RANDOL.

Savez-vous que c'est très torturant d'aimer une femme comme vous.

MADAME DE SALLUS.

Pourquoi?

JACQUES DE RANDOL.

Parce qu'on vous aime, comme les affamés regardent les pâtés et les volailles derrière les vitres d'un restaurant.

MADAME DE SALLUS.

Oh! Jacques!...

JACQUES DE RANDOL.

C'est vrai. Une femme du monde appartient au monde, c'est-à-dire à tout le monde, excepté à celui à qui elle se donne. Celui-là peut la voir, toutes portes ouvertes, un quart d'heure tous les trois jours, pas plus souvent, à cause des valets. Par exception, avec mille précautions, avec mille craintes, avec mille ruses, elle le rejoint, une ou deux fois par mois, dans un logis meublé. C'est elle alors qui a juste un quart d'heure à lui accorder, parce qu'elle sort de chez Mme X..., pour aller chez Mme Z..., où elle a dit à son cocher de la prendre. S'il pleut, elle ne viendra pas, car il lui est alors impossible de se débarrasser de ce cocher. Or, ce cocher et le valet de pied, et Mme X..., et Mme Z..., et toutes les autres, tous ceux qui entrent chez elle comme dans un musée, un musée qui ne ferme pas, tous ceux et toutes celles qui mangent sa vie, minute par minute, seconde par seconde, à qui elle se doit comme un employé doit son temps à l'État, parce qu'elle est du monde, tous ces gens sont la vitre transparente et incassable qui vous sépare de ma tendresse.

MADAME DE SALLUS.

Vous êtes nerveux, aujourd'hui.

JACQUES DE RANDOL.

Non, mais je suis affamé de solitude avec vous. Vous êtes à moi, n'est-ce pas, ou plutôt je suis à vous; eh bien! est-ce que ça en a l'air, en vérité? Je passe ma vie à chercher les moyens de vous rencontrer. Oui, notre amour est fait de rencontres, de saluts, de regards, de frôlements et pas d'autre chose. Nous nous rencontrons, le matin, dans l'avenue, un salut; nous nous rencontrons chez vous ou chez une femme quelconque, vingt paroles; nous nous rencontrons au théâtre, dix paroles: nous dînons quelquefois à la même table, trop loin pour nous parler, et alors je n'ose même pas vous regarder, à cause des autres yeux. C'est cela s'aimer! Est-ce que nous nous connaissons seulement?

MADAME DE SALLUS.

Alors, vous voudriez peut-être m'enlever?

JACQUES DE RANDOL.

C'est impossible, malheureusement.

MADAME DE SALLUS.

Alors, quoi?

JACQUES DE RANDOL.

Je ne sais pas. Je dis seulement que cette vie est très énervante.

MADAME DE SALLUS.

C'est justement parce qu'il y a beaucoup d'obstacles que votre tendresse ne languit point.

JACQUES DE RANDOL.

Oh! Madeleine, pouvez-vous dire cela?

MADAME DE SALLUS.

Croyez-moi, si votre affection a des chances de durer, c'est surtout parce qu'elle n'est pas libre.

JACQUES DE RANDOL.

Vrai, je n'ai jamais vu une femme aussi positive que vous. Alors, vous croyez que si le hasard faisait que je fusse votre mari, je cesserais de vous aimer?

MADAME DE SALLUS.

Pas tout de suite, mais bientôt.

JACQUES DE RANDOL.

C'est révoltant, ce que vous dites!

MADAME DE SALLUS.

Non, c'est juste. Vous savez, quand un confiseur prend à son service une vendeuse gourmande, il lui dit : « Mangez des bonbons tant que vous voudrez, mon enfant. » Elle s'en gorge pendant huit jours, puis elle en est dégoûtée pour le reste de sa vie.

JACQUES DE RANDOL.

Ah çà! voyons, pourquoi m'avez-vous... distingué?

MADAME DE SALLUS.

Je ne sais pas,... pour vous être agréable.

JACQUES DE RANDOL.

Je vous en prie. Ne vous moquez pas de moi.

MADAME DE SALLUS.

Je me suis dit : Voici un pauvre garçon qui a l'air très amoureux de moi. Moi, je suis très libre, moralement, ayant tout à fait cessé de plaire à mon mari depuis plus de deux ans. Or, puisque cet homme m'aime, pourquoi pas lui?

JACQUES DE RANDOL.

Vous êtes cruelle.

MADAME DE SALLUS.

Au contraire, je ne l'ai pas été. De quoi vous plaignez-vous donc?

JACQUES DE RANDOL.

Tenez, vous m'exaspérez avec cette moquerie continuelle. Depuis que je vous aime, vous me torturez ainsi et je ne sais seulement pas si vous avez pour moi la moindre tendresse.

MADAME DE SALLUS.

J'ai eu, en tous cas, des bontés.

JACQUES DE RANDOL.

Oh! vous avez joué un jeu bizarre. Dès le premier

jour, je vous ai sentie coquette avec moi, coquette obscurément, mystérieusement, coquette comme vous savez l'être, sans le montrer, quand vous voulez plaire, vous autres. Vous m'avez peu à peu conquis avec des regards, des sourires, des poignées de main, sans vous compromettre, sans vous engager, sans vous démasquer. Vous avez été terriblement forte et séduisante. Je vous ai aimée de toute mon âme, moi, sincèrement et loyalement. Et, aujourd'hui, je ne sais pas quel sentiment vous avez là — au fond du cœur, — quelle pensée vous avez là — au fond de la tête, — je ne sais pas, je ne sais rien. Je vous regarde et je me dis : cette femme, qui semble m'avoir choisi, semble aussi oublier toujours qu'elle m'a choisi. M'aime-t-elle? Est-elle lasse de moi? A-t-elle fait un essai, pris un amant pour voir, pour savoir, pour goûter, — sans avoir faim? Il y a des jours où je me demande si, parmi tous ceux qui vous aiment, et qui vous le disent sans cesse, il n'y en a pas un qui commence à vous plaire davantage.

MADAME DE SALLUS.

Mon Dieu! il y a des choses qu'il ne faut jamais approfondir.

JACQUES DE RANDOL.

Oh! que vous êtes dure! Cela signifie que vous ne m'aimez pas.

MADAME DE SALLUS.

De quoi vous plaignez-vous? De ce que je ne parle point,... car... je ne crois pas que vous ayez autre chose à me reprocher.

JACQUES DE RANDOL.

Pardonnez-moi. Je suis jaloux.

MADAME DE SALLUS.

De qui?

JACQUES DE RANDOL.

Je ne sais pas. Je suis jaloux de tout ce que j'ignore en vous.

MADAME DE SALLUS.

Oui. Sans m'être reconnaissant du reste.

JACQUES DE RANDOL.

Pardon. Je vous aime trop, tout m'inquiète.

MADAME DE SALLUS.

Tout?

JACQUES DE RANDOL.

Oui, tout.

MADAME DE SALLUS.

Etes-vous jaloux de mon mari?

JACQUES DE RANDOL, stupéfait.

Non... Quelle idée!

MADAME DE SALLUS.

Eh bien! vous avez tort.

JACQUES DE RANDOL.

Allons, toujours votre moquerie.

MADAME DE SALLUS.

Non. Je voulais même vous en parler, très sérieusement, et vous demander conseil.

JACQUES DE RANDOL.

Au sujet de votre mari?

MADAME DE SALLUS, sérieuse.

Oui. Je ne ris pas, ou plutôt je ne ris plus. (Riant.) Alors vous n'êtes pas jaloux de mon mari? C'est pourtant le seul homme qui ait des droits sur moi.

JACQUES DE RANDOL.

C'est justement parce qu'il a des droits que je ne suis point jaloux. Le cœur des femmes n'admet point qu'on ait des droits.

MADAME DE SALLUS.

Mon cher, le droit est une chose positive, un titre de possession qu'on peut négliger — comme mon mari l'a fait depuis deux ans, — mais aussi dont on peut toujours user à un moment donné, comme il semble vouloir le faire depuis quelque temps.

JACQUES DE RANDOL.

Vous dites que votre mari...

MADAME DE SALLUS.

Oui.

JACQUES DE RANDOL.

C'est impossible...

MADAME DE SALLUS.

Pourquoi impossible?

JACQUES DE RANDOL.

Parce que votre mari a... d'autres occupations.

MADAME DE SALLUS.

Il aime en changer, paraît-il.

JACQUES DE RANDOL.

Voyons, Madeleine, que se passe-t-il?

MADAME DE SALLUS.

Tiens!... vous devenez donc jaloux de lui?

JACQUES DE RANDOL.

Je vous en supplie, dites-moi si vous vous moquez ou si vous parlez sérieusement.

MADAME DE SALLUS.

Je parle sérieusement, très sérieusement.

JACQUES DE RANDOL.

Alors que se passe-t-il?

MADAME DE SALLUS.

Vous savez ma situation, mais je ne vous ai jamais dit toute mon histoire. Elle est fort simple. La voici en vingt mots. J'ai épousé, à dix-neuf ans, le comte

Jean de Sallus, devenu amoureux de moi après m'avoir vue à l'Opéra-Comique. Il connaissait déjà le notaire de papa. Il a été très gentil, pendant les premiers temps; oui, très gentil! Je crois vraiment qu'il m'aima. Et moi aussi, j'étais très gentille pour lui, très gentille. Certes, il n'a pas pu m'adresser l'ombre d'un reproche.

JACQUES DE RANDOL.

L'aimiez-vous?

MADAME DE SALLUS.

Mon Dieu! ne faites donc jamais de ces questions-là!

JACQUES DE RANDOL.

Alors, vous l'aimiez?

MADAME DE SALLUS.

Oui et non. Si je l'aimais, c'était comme une petite sotte. Mais je ne le lui ai jamais dit, car je ne sais pas manifester.

JACQUES DE RANDOL.

Ca, ç'est vrai.

MADAME DE SALLUS.

Oui, il est possible que je l'aie aimé quelque temps, niaisement, en jeune femme timide, tremblante, gauche, inquiète, toujours effarouchée par cette vilaine chose, l'amour d'un homme, par cette vilaine chose, qui est aussi très douce, quelquefois! Lui, vous le connaissez. C'est un beau, un beau de cercle, — Les pires des beaux. Ceux-là, au fond, n'ont jamais d'affection durable que pour les filles qui sont les vraies femelles des clubmen. Ils ont des habitudes de caquetages polissons et de caresses dépravées. Il leur faut du nu et de l'obscène — paroles et corps — pour les attirer et les retenir... — A moins que,... à moins que les hommes, vraiment, soient incapables d'aimer longtemps la même femme. Enfin, je sentis bientôt que je lui devenais indifférente, qu'il m'embrassait... avec négligence, qu'il me regardait... sans attention, qu'il ne se gênait plus devant moi... pour moi, dans ses manières, dans ses gestes, dans ses discours. Il se jetait au fond des fauteuils avec brusquerie, lisait le journal aussitôt rentré, haussait les épaules et criait : « Je m'en fiche un peu », quand il n'était pas content. Un jour enfin, il bâilla en étirant ses bras. Ce jour-là je compris qu'il ne m'aimait plus ; j'eus un gros chagrin, mais je souffris tant que je ne sus pas être coquette comme il le fallait et le reprendre. J'appris bientôt qu'il avait une maîtresse, une femme du monde, d'ailleurs. Alors nous avons vécu comme deux voisins, après une explication orageuse.

JACQUES DE RANDOL.

Comment ? Une explication ?

MADAME DE SALLUS.

Oui.

JACQUES DE RANDOL.

A propos de... sa maîtresse.

MADAME DE SALLUS.

Oui et non... C'est très difficile à dire... Il se croyait obligé,... pour ne pas éveiller mes soupçons, sans doute,... de simuler de temps en temps,... rarement,... une certaine tendresse, très froide d'ailleurs, pour sa femme légitime... qui avait des droits à cette tendresse... Eh bien!... je lui ai signifié qu'il pourrait s'abstenir à l'avenir de ces manifestations politiques.

JACQUES DE RANDOL.

Comment lui avez-vous dit ça?

MADAME DE SALLUS.

Je ne me le rappelle pas.

JACQUES DE RANDOL.

Ça a dû être très amusant.

MADAME DE SALLUS.

Non... il a d'abord paru très surpris. Puis je lui ai débité une petite phrase apprise par cœur, bien préparée, où je l'invitais à porter ailleurs ses fantaisies intermittentes. Il a compris, m'a saluée très poliment, et il est parti,... pour tout à fait.

JACQUES DE RANDOL.

Jamais revenu?

MADAME DE SALLUS.

Jamais.

JACQUES DE RANDOL.

Il n'a jamais essayé de vous parler de son affection?

MADAME DE SALLUS.

Non,... jamais!

JACQUES DE RANDOL.

L'avez-vous regretté?

MADAME DE SALLUS.

Peu importe. Ce qui importe, par exemple, c'est qu'il a eu d'innombrables maîtresses, qu'il entretenait, qu'il affichait, qu'il promenait. Cela m'a d'abord irritée, désolée, humiliée; puis j'en ai pris mon parti; puis, plus tard, deux ans plus tard,... j'ai pris un amant,... vous,... Jacques.

JACQUES DE RANDOL, lui baisant la main.

Et moi, je vous aime de toute mon âme, Madeleine.

MADAME DE SALLUS.

Tout ça n'est pas propre.

JACQUES DE RANDOL.

Quoi?... tout ça?...

MADAME DE SALLUS.

La vie,... mon mari,... ses maîtresses,... moi... et vous.

JACQUES DE RANDOL.

Voilà qui prouve, plus que tout, que vous ne m'aimez pas.

MADAME DE SALLUS.

Pourquoi?

JACQUES DE RANDOL.

Vous osez dire de l'amour : « ça n'est pas propre! » Si vous aimiez, ce serait divin! Mais une femme amoureuse traiterait de criminel et d'ignoble celui qui affirmerait une pareille chose. Pas propre, l'amour!

MADAME DE SALLUS.

C'est possible! Tout dépend des yeux : je vois trop.

JACQUES DE RANDOL.

Que voyez-vous?

MADAME DE SALLUS.

Je vois trop bien, trop loin, trop clair.

JACQUES DE RANDOL.

Vous ne m'aimez pas.

MADAME DE SALLUS.

Si je ne vous aimais pas... un peu,... je n'aurais aucune excuse de m'être donnée à vous.

JACQUES DE RANDOL.

Un peu... Juste ce qu'il faut pour vous excuser.

MADAME DE SALLUS.

Je ne m'excuse pas : je m'accuse.

JACQUES DE RANDOL.

Donc, vous m'aimiez... un peu,... alors,... et vous ne m'aimez plus.

MADAME DE SALLUS.

Ne raisonnons pas trop.

JACQUES DE RANDOL.

Vous ne faites que cela

MADAME DE SALLUS.

Non; mais je juge les choses accomplies. On n'a jamais d'idées justes et d'opinions saines que sur ce qui est passé.

JACQUES DE RANDOL.

Et vous regrettez?...

MADAME DE SALLUS.

Peut-être.

JACQUES DE RANDOL.

Alors, demain?...

MADAME DE SALLUS.

Je ne sais pas.

JACQUES DE RANDOL.

N'est-ce rien de vous être fait un ami qui est à vous corps et âme?

MADAME DE SALLUS.

Aujourd'hui.

JACQUES DE RANDOL.

Et demain.

MADAME DE SALLUS.

Oui, le demain d'après la nuit, mais pas le demain d'après l'année.

JACQUES DE RANDOL.

Vous verrez... Alors, votre mari?...

MADAME DE SALLUS.

Cela vous tracasse?

JACQUES DE RANDOL.

Parbleu!

MADAME DE SALLUS.

Mon mari redevient amoureux de moi.

JACQUES DE RANDOL.

Pas possible!

MADAME DE SALLUS.

Encore!... Êtes-vous insolent! Pourquoi pas? mon cher.

JACQUES DE RANDOL.

On devient amoureux d'une femme, avant de l'épouser, on ne redevient point amoureux de sa femme.

MADAME DE SALLUS.

Peut-être ne l'avait-il pas été jusqu'ici.

JACQUES DE RANDOL.

Impossible qu'il vous ait connue sans vous avoir aimée, à sa manière... courte et cavalière.

MADAME DE SALLUS.

Peu importe. Il se met ou se remet à m'aimer.

JACQUES DE RANDOL.

Vrai, je ne comprends pas. Racontez-moi.

MADAME DE SALLUS.

Mais je n'ai rien à raconter : il me fait des déclarations et m'embrasse, et me menace de... de... son autorité. Enfin je suis très inquiète, très tourmentée.

JACQUES DE RANDOL.

Madeleine,... vous me torturez.

MADAME DE SALLUS.

Eh bien! et moi, croyez-vous que je ne souffre pas? Je ne suis plus une femme fidèle puisque je vous appartiens; mais je suis et je resterai un cœur droit. — Vous ou lui. — Jamais vous et lui. Voilà ce qui est pour moi une infamie, la grosse infamie des femmes coupables; ce partage qui les rend ignobles. On peut tomber, parce que,... parce qu'il y a des fossés le long des routes et qu'il n'est pas toujours facile de suivre le droit chemin; mais, si on tombe, ce n'est pas une raison pour se vautrer dans la boue.

JACQUES DE RANDOL, lui prenant et lui baisant les mains.

Je vous adore.

MADAME DE SALLUS, simplement.

Moi aussi, je vous aime beaucoup, Jacques, et voilà pourquoi j'ai peur.

JACQUES DE RANDOL.

Enfin!... merci... Voyons, dites-moi, depuis combien de temps est-il atteint de... cette rechute?

MADAME DE SALLUS.

Mais, depuis... quinze jours ou trois semaines.

JACQUES DE RANDOL.

Pas davantage?

MADAME DE SALLUS.

Pas davantage.

JACQUES DE RANDOL.

Eh bien! votre mari est tout simplement... veuf.

MADAME DE SALLUS.

Vous dites?

JACQUES DE RANDOL.

Je dis que votre mari est en disponibilité et qu'il tâche d'occuper avec sa femme ses loisirs passagers.

MADAME DE SALLUS.

Moi, je vous dis qu'il est amoureux de moi.

JACQUES DE RANDOL.

Oui,... oui... Oui et non... Il est amoureux de vous... et aussi d'une autre... Voyons,... il est de mauvaise humeur, n'est-ce pas?

MADAME DE SALLUS.

Oh! d'une humeur exécrable.

JACQUES DE RANDOL.

Voilà donc un homme amoureux de vous et qui manifeste cette reprise de tendresse par un caractère insupportable,... car il est insupportable, n'est-ce pas?

MADAME DE SALLUS.

Oh! oui, insupportable.

JACQUES DE RANDOL.

S'il était pressant avec douceur, vous n'en auriez pas peur ainsi. Vous vous diriez : « J'ai le temps », et puis il vous inspirerait un peu de pitié, car on a toujours de l'apitoiement pour l'homme qui vous aime, fût-il votre mari.

MADAME DE SALLUS.

C'est vrai.

JACQUES DE RANDOL.

Il est nerveux; préoccupé, sombre?

MADAME DE SALLUS.

Oui,... oui...

JACQUES DE RANDOL.

Et brusque avec vous,... pour ne pas dire brutal? Il réclame un droit et n'adresse pas une prière?

MADAME DE SALLUS.

C'est vrai...

JACQUES DE RANDOL.

Ma chère, en ce moment, vous êtes un dérivatif.

MADAME DE SALLUS.

Mais non,... mais non.

JACQUES DE RANDOL.

Ma chère amie, la dernière maîtresse de votre mari était Mme de Bardane qu'il a lâchée, très cavalièrement, voici deux mois, pour faire la cour à la Santelli.

MADAME DE SALLUS.

La chanteuse?

JACQUES DE RANDOL.

Oui. Une capricieuse, très habile, très rusée, très vénale, ce qui n'est pas rare au théâtre,... dans le monde non plus, d'ailleurs...

MADAME DE SALLUS.

C'est pour cela qu'il va sans cesse à l'Opéra!

JACQUES DE RANDOL, *riant.*

N'en doutez pas.

MADAME DE SALLUS, *songeant.*

Non,... non, vous vous trompez.

JACQUES DE RANDOL.

La Santelli résiste et l'affole. Alors, ayant le cœur plein de tendresse, sans débouché, il vous en offre une partie.

MADAME DE SALLUS.

Mon cher, vous rêvez!... S'il était amoureux de la Santelli, il ne me dirait pas qu'il m'aime... S'il était éperdument préoccupé de cette cabotine, il ne me ferait pas la cour, à moi. S'il la convoitait violemment, enfin, il ne me désirerait pas, en même temps.

JACQUES DE RANDOL.

Ah! comme vous connaissez peu certains hommes! Ceux de la race de votre mari, quand une femme a jeté en leur cœur ce poison, l'amour, qui n'est pour eux que du désir brutal, quand cette femme leur échappe, ou leur résiste, ils ressemblent à des chiens devenus enragés. Ils vont devant eux comme des fous, comme des possédés, les bras ouverts, les lèvres tendues. Il faut qu'ils aiment n'importe qui, comme le chien ouvre la gueule et mord n'importe qui, n'importe quoi. La Santelli a déchaîné la bête et vous vous trouvez à portée de sa dent, prenez garde. Ça de l'amour? non; si vous voulez c'est de la rage.

MADAME DE SALLUS.

Vous devenez injuste pour lui. La jalousie vous rend méchant.

JACQUES DE RANDOL.

Je ne me trompe pas, soyez-en sûre.

MADAME DE SALLUS.

Si, vous vous trompez. Mon mari, jadis, m'a négligée, abandonnée, me trouvant niaise, sans doute. Maintenant, il me trouve mieux et revient à moi. Rien de plus simple. Tant pis pour lui, d'ailleurs, car il ne tenait qu'à lui que je fusse une honnête femme toute ma vie.

JACQUES DE RANDOL.

Madeleine!

MADAME DE SALLUS.

Eh bien! quoi?

JACQUES DE RANDOL.

Cesse-t-on d'être une honnête femme quand, rejetée par l'homme qui a pris charge de votre existence, de votre bonheur, de votre tendresse et de vos rêves, on ne se résigne pas, étant jeune, belle et pleine d'espoir, à l'éternel isolement, à l'éternel abandon?

MADAME DE SALLUS.

Je vous ai déjà dit qu'il y a des choses auxquelles il ne faut point trop penser. Celle-là est du nombre. (On entend deux coups de timbre.) C'est mon mari. Tâchez de lui plaire. Il est fort ombrageux en ce moment.

JACQUES DE RANDOL, se levant.

Je préfère m'en aller. Je ne l'aime guère, votre mari, pour beaucoup de raisons. Et puis, il m'est pénible d'être gracieux pour lui, que je méprise un peu, et qui aurait le droit de me mépriser beaucoup, puisque je lui serre la main.

MADAME DE SALLUS.

Je vous ai bien dit que tout cela n'est pas très propre.

SCÈNE II.

LES MÊMES, M. DE SALLUS.

M. DE SALLUS entre, l'air maussade. Il regarde un instant sa femme et Jacques de Randol qui prend congé d'elle, puis s'avance.

JACQUES DE RANDOL.

Bonjour, Sallus.

M. DE SALLUS.

Bonjour, Randol. C'est moi qui vous fais fuir?

JACQUES DE RANDOL.

Non, c'est l'heure. J'ai rendez-vous au cercle, à minuit, et il est onze heures cinquante. (Ils se serrent la main.) Vous verra-t-on à la première de *Mahomet?*

M. DE SALLUS.

Oui, sans doute.

JACQUES DE RANDOL.

On dit que ce sera un grand succès.

M. DE SALLUS.

Oui, sans doute.

JACQUES DE RANDOL, lui serrant de nouveau la main.

A bientôt.

M. DE SALLUS.

A bientôt.

JACQUES DE RANDOL.

Adieu, Madame.

MADAME DE SALLUS.

Adieu, Monsieur.

Il sort.

SCÈNE III.

M. DE SALLUS, Mme DE SALLUS.

M. DE SALLUS se jetant dans un fauteuil.

Il est ici depuis longtemps, M. Jacques de Randol?

MADAME DE SALLUS.

Mais non,... depuis une demi-heure, environ.

M. DE SALLUS.

Une demi-heure, plus une heure, cela fait une heure et demie. Le temps vous semble court avec lui.

MADAME DE SALLUS.

Comment, une heure et demie?

M. DE SALLUS.

Oui. Comme j'ai vu devant la porte une voiture, j'ai demandé au valet de pied : « Qui est ici? » il m'a répondu : « M. de Randol. — Il y a longtemps qu'il est arrivé? — Il était dix heures, Monsieur. » En admettant que cet homme se soit trompé d'un quart d'heure à votre avantage, cela fait une heure quarante, au minimum.

MADAME DE SALLUS.

Ah çà! qu'est-ce que vous avez. Je n'ai plus le droit de recevoir qui bon me semble maintenant?

M. DE SALLUS.

Oh! ma chère, je ne vous opprime en rien, en rien, en rien. Je m'étonne seulement que vous puissiez confondre une demi-heure avec une heure et demie.

MADAME DE SALLUS.

Est-ce un scène que vous voulez? Si vous me cherchez querelle, dites-le. Je saurai quoi vous répondre. Si vous êtes simplement de mauvaise humeur, allez vous coucher, et dormez, si vous pouvez.

M. DE SALLUS.

Je ne vous cherche pas querelle, et je ne suis pas de mauvaise humeur. Je constate seulement que le temps vous semble très court, quand vous le passez avec M. Jacques de Randol.

MADAME DE SALLUS.

Oui, très court, beaucoup plus court qu'avec vous.

M. DE SALLUS.

C'est un homme charmant et je comprends qu'il vous plaise. Vous semblez d'ailleurs lui plaire aussi beaucoup, puisqu'il vient presque tous les jours.

MADAME DE SALLUS.

Ce genre d'hostilité ne me va pas du tout, mon cher, et je vous prie de vous exprimer et de vous expliquer clairement. Donc, vous me faites une scène de jalousie?

M. DE SALLUS.

Dieu m'en garde! J'ai trop de confiance en vous et trop de respect pour vous, pour vous adresser un reproche quelconque. Et je sais que vous avez assez de tact pour ne jamais donner prise à la calomnie... ou à la médisance.

MADAME DE SALLUS.

Ne jouons pas sur les mots. Vous trouvez que M. de Randol vient trop souvent dans cette maison... dans votre maison?

M. DE SALLUS.

Je ne puis rien trouver mauvais de ce que vous faites.

MADAME DE SALLUS.

En effet, vous n'en avez pas le droit. Aussi bien, puisque vous me parlez sur ce ton, réglons cette question une fois pour toutes, car je n'aime pas les sous-entendus.

Vous avez, paraît-il, la mémoire courte. Mais je vais venir à votre aide. Soyez franc. Vous ne pensez plus aujourd'hui, par suite de je ne sais quelles circonstances, comme vous pensiez il y a deux ans. Rappelez-vous bien ce qui s'est passé. Comme vous me négligiez visiblement, je suis devenue inquiète, puis j'ai su, on m'a dit, j'ai vu, que vous aimiez Mme de Servières... Je vous ai confié mon chagrin... ma douleur... j'ai été jalouse! Qu'avez-vous répondu? Ce que tous les hommes répondent quand ils n'aiment plus une femme qui leur fait des reproches. Vous avez d'abord haussé les épaules, vous avez souri, avec impatience, vous avez murmuré que j'étais folle, puis vous m'avez exposé, avec toute l'adresse possible, je le reconnais, les grands principes du libre amour adoptés par tout mari qui trompe et qui compte bien cependant n'être pas trompé. Vous m'avez laissé entendre que le mariage n'est pas une chaîne, mais une association d'intérêts, un lien social, plus qu'un lien moral; qu'il ne force pas les époux à n'avoir plus d'amitié ni d'affection, pourvu qu'il n'y ait pas de scandale. Oh! vous n'avez pas avoué votre maîtresse, mais vous avez plaidé les circonstances atténuantes. Vous vous êtes montré très ironique pour les femmes, ces pauvres sottes, qui ne permettent pas à leurs maris d'être galants, la galanterie étant une des lois de la société élégante à laquelle vous appartenez. Vous avez beaucoup ri de la figure de l'homme qui n'ose pas faire un compliment à une femme, devant la sienne, et beaucoup ri de l'épouse ombrageuse qui suit de l'œil son mari dans tous les coins, et s'imagine, dès qu'il a disparu dans le salon voisin, qu'il tombe aux genoux d'une rivale. Tout cela était spirituel, drôle et désolant, enveloppé de compliments et pimenté de cruauté, doux et amer à faire sortir du cœur tout amour pour l'homme délicat, faux et bien élevé qui pouvait parler ainsi.

J'ai compris, j'ai pleuré, j'ai souffert. Je vous ai fermé ma porte. Vous n'avez pas réclamé, vous m'avez jugé intelligente plus que vous n'auriez cru et nous avons vécu complètement séparés. Voici deux ans que cela dure, deux longues années qui, certes, ne vous ont pas paru plus de six mois. Nous allons dans le monde ensemble, nous en revenons ensemble, puis nous rentrons chacun chez nous. La situation a été établie ainsi par vous, par votre faute, par suite de votre première infidélité, qui a été suivie de beaucoup d'autres. Je n'ai rien dit, je me suis résignée, je vous ai chassé de mon cœur. Maintenant c'est fini, que demandez-vous?

M. DE SALLUS.

Ma chère, je ne demande rien. Je ne veux pas répondre au discours agressif que vous venez de me tenir. Je voulais seulement vous donner un conseil

— d'ami, — sur un danger possible que pourrait courir votre réputation. Vous êtes belle, très en vue, très enviée. On suppose vite une aventure...

MADAME DE SALLUS.

Pardon. Si nous parlons d'aventure, je demande à faire la balance entre nous.

M. DE SALLUS.

Voyons, ne plaisantez pas, je vous prie. Je vous parle en ami, en ami sérieux. Quant à tout ce que vous venez de me dire, c'est fortement exagéré.

MADAME DE SALLUS.

Pas du tout. Vous avez affiché, étalé toutes vos liaisons, ce qui équivalait à me donner l'autorisation de vous imiter. Eh bien! mon cher, je cherche...

M. DE SALLUS.

Permettez.

MADAME DE SALLUS.

Laissez-moi donc parler. Je suis belle, dites-vous, je suis jeune, et condamnée par vous à vivre, à vieillir, en veuve. Mon cher, regardez-moi. (Elle se lève.) Est-il juste que je me résigne au rôle d'Ariane abandonnée pendant que mon mari court de femme en femme, et de fille en fille? (S'animant.) Une honnête femme! Je vous entends. — Une honnête femme va-t-elle jusqu'au sacrifice de toute une vie, de toute joie, de toute tendresse, de tout ce pourquoi nous sommes nées, nous autres? Regardez-moi donc. Suis-je faite pour le cloître? Puisque j'ai épousé un homme, c'est que je ne me destinais pas au cloître, n'est-ce pas? Cet homme, qui m'a prise, me rejette et court à d'autres... Lesquelles! Moi je ne suis pas de celles qui partagent. Tant pis pour vous, tant pis pour vous. Je suis libre. Vous n'avez pas le droit de m'adresser un conseil. Je suis libre!

M. DE SALLUS.

Ma chère, calmez-vous. Vous vous méprenez complètement. Je ne vous ai jamais soupçonnée. J'ai pour vous une profonde estime et une profonde amitié; une amitié qui grandit chaque jour. Je ne peux pas revenir sur ce passé que vous me reprochez si cruellement. Je suis peut-être un peu trop... comment dirais-je?

MADAME DE SALLUS.

Dites Régence. Je connais ce plaidoyer pour excuser toutes les faiblesses et toutes les fredaines. Ah oui! le dix-huitième siècle! le siècle élégant! Que de grâce, quelle délicieuse fantaisie, que de caprices adorables! C'est une rengaine, mon cher.

M. DE SALLUS.

Non, vous vous méprenez encore. Je suis, j'étais surtout, trop... trop Parisien, trop habitué à la vie du soir, en me mariant, habitué aux coulisses, au cercle, à mille choses,... on ne peut pas rompre tout de suite,... il faut du temps. Et puis, le mariage nous change trop, trop vite. Il faut s'y accoutumer,... peu à peu... Vous m'avez coupé les vivres quand j'allais m'y faire.

MADAME DE SALLUS.

Grand merci. Et vous venez, peut-être, me proposer une nouvelle épreuve?

M. DE SALLUS.

Oh! quand il vous plaira. Vrai, quand on se marie après avoir vécu comme moi, on ne peut s'empêcher de regarder d'abord un peu sa femme comme une nouvelle maîtresse, une maîtresse honnête,... ce n'est que plus tard qu'on comprend bien, qu'on distingue bien, et qu'on se repent.

MADAME DE SALLUS.

Eh bien! mon cher, il est trop tard. Comme je vous l'ai dit, je cherche de mon côté. J'ai mis trois ans à m'y décider. Vous avouerez que c'est long. Il me faut quelqu'un de bien, de mieux que vous... C'est un compliment que je vous fais et vous n'avez pas l'air de le remarquer.

M. DE SALLUS.

Madeleine, cette plaisanterie est déplacée.

MADAME DE SALLUS.

Mais non, car je suppose que toutes vos maîtresses étaient mieux que moi, puisque vous les avez préférées à moi.

M. DE SALLUS.

Voyons, dans quelle disposition d'esprit êtes-vous?

MADAME DE SALLUS.

Mais je suis comme toujours. C'est vous qui avez changé, mon cher.

M. DE SALLUS.

C'est vrai. J'ai changé.

MADAME DE SALLUS.

Ce qui veut dire?

M. DE SALLUS.

Que j'étais un imbécile.

MADAME DE SALLUS.

Et que?...

M. DE SALLUS.

Que je reviens à la raison.

MADAME DE SALLUS.

Et que?...

M. DE SALLUS.

Que je suis amoureux de ma femme.

MADAME DE SALLUS.

Vous êtes donc à jeun?

M. DE SALLUS.

Vous dites?

MADAME DE SALLUS.

Je dis que vous êtes à jeun.

M. DE SALLUS.

Comment ça ?

MADAME DE SALLUS.

Quand on est à jeun on a faim, et quand on a faim, on se décide à manger des choses qu'on n'aimerait point à un autre moment. Je suis le plat, négligé aux jours d'abondance, auquel vous revenez aux jours de disette. Merci.

M. DE SALLUS.

Je ne vous ai jamais vue ainsi. Vous me faites de la peine autant que vous m'étonnez.

MADAME DE SALLUS.

Tant pis pour nous deux. Si je vous étonne, vous me révoltez. Sachez que je ne suis pas faite pour ce rôle d'intérimaire.

M. DE SALLUS s'approche, lui prend la main et la baise longuement.

Madeleine, je vous jure que je suis devenu amoureux de vous, très fort, pour de vrai, pour tout à fait.

MADAME DE SALLUS.

Il se peut que vous en soyez convaincu. Quelle est donc la femme qui ne veut pas de vous, en ce moment?

M. DE SALLUS.

Madeleine, je vous jure...

MADAME DE SALLUS.

Ne jurez pas. Je suis sûre que vous venez de rompre avec une maîtresse. Il vous en faut une autre, et vous ne trouvez pas. Alors vous vous adressez à moi. Depuis trois ans, vous m'avez oubliée, de sorte que je vous fais l'effet de quelque chose de nouveau. Ce n'est pas à votre femme que vous revenez, mais à une femme avec qui vous avez rompu et que vous désirez reprendre. Ce n'est là, au fond, qu'un jeu de libertin.

M. DE SALLUS.

Je ne me demande pas si vous êtes ma femme ou une femme : vous êtes celle que j'aime, qui a pris mon cœur. Vous êtes celle dont je rêve, celle dont l'image me suit partout, dont le désir me hante. Il se trouve que vous êtes ma femme, tant mieux ou tant pis! je ne sais pas, que m'importe?

MADAME DE SALLUS.

C'est vraiment un joli rôle que vous m'offrez là. Après Mlle Zozo, Mlle Lili, Mlle Tata, vous offrez sérieusement à Mme de Sallus de prendre la succession vacante et de devenir la maîtresse de son mari pour quelque temps?

M. DE SALLUS.

Pour toujours.

MADAME DE SALLUS.

Pardon. Pour toujours je redeviendrais votre femme, et ce n'est pas de cela qu'il s'agit, puisque j'ai cessé de l'être. La distinction est subtile, mais réelle. Et puis l'idée de faire de moi votre maîtresse légitime vous enflamme beaucoup plus que l'idée de reprendre votre compagne obligatoire.

M. DE SALLUS, riant.

Eh bien, pourquoi une femme ne deviendrait-elle pas la maîtresse de son mari? J'admets parfaitement votre point de vue. Vous êtes libre, absolument libre, par ma faute. Moi, je suis amoureux de vous et je vous dis : « Madeleine, puisque votre cœur est vide, ayez pitié de moi. Je vous aime. »

MADAME DE SALLUS.

Vous me demandez la préférence, à titre d'époux?

M. DE SALLUS.

Oui.

MADAME DE SALLUS.

Vous reconnaissez que je suis libre?

M. DE SALLUS.

Oui.

MADAME DE SALLUS.

Vous voulez que je devienne votre maîtresse?

M. DE SALLUS.

Oui.

MADAME DE SALLUS.

C'est bien entendu? Votre maîtresse?

M. DE SALLUS.

Oui.

MADAME DE SALLUS.

Eh bien!... j'allais prendre un engagement d'un autre côté, mais puisque vous me demandez la préférence, je vous la donnerai, à prix égal.

M. DE SALLUS.

Je ne comprends pas.

MADAME DE SALLUS.

Je m'explique. Suis-je aussi bien que vos cocottes? Soyez franc.

M. DE SALLUS.

Mille fois mieux.

MADAME DE SALLUS.

Bien vrai?

M. DE SALLUS.

Bien vrai.

MADAME DE SALLUS.

Mieux que la mieux?

M. DE SALLUS.

Mille fois.

MADAME DE SALLUS.

Eh bien! dites-moi combien elle vous a coûté, la mieux, en trois mois?

M. DE SALLUS.

Je n'y suis plus.

MADAME DE SALLUS.

Je dis : « Combien vous a coûté, en trois mois, la plus charmante de vos maîtresses, en argent, bijoux, soupers, dîners, théâtre, etc., etc., entretien complet, enfin ?

M. DE SALLUS.

Est-ce que je sais, moi ?

MADAME DE SALLUS.

Vous devez savoir. Voyons, faisons le compte. Donniez-vous une somme ronde, ou payiez-vous les fournisseurs séparément ? Oh ! vous n'êtes pas homme à entrer dans le détail, vous donniez la somme ronde.

M. DE SALLUS.

Madeleine, vous êtes intolérable.

MADAME DE SALLUS.

Suivez-moi bien. Quand vous avez commencé à me négliger, vous avez supprimé trois chevaux dans vos écuries : un des miens et deux des vôtres ; plus un cocher et un valet de pied. Il fallait bien faire des économies intérieures pour payer les nouvelles dépenses extérieures.

M. DE SALLUS.

Mais ce n'est pas vrai.

MADAME DE SALLUS.

Oui, oui. J'ai les dates; ne niez pas, je vous confondrai. Vous avez cessé également de me donner des bijoux, puisque vous aviez d'autres oreilles, d'autres doigts, d'autres poignets et d'autres poitrines à embellir. Vous avez supprimé un de nos deux jours d'opéra, et j'oublie beaucoup de petites choses moins importantes. Tout cela, à mon compte, doit faire environ cinq mille francs par mois. Est-ce juste?

M. DE SALLUS.

Vous êtes folle.

MADAME DE SALLUS.

Non, non. Avouez. Celle de vos cocottes qui vous a coûté le plus cher arrivait-elle à cinq mille francs par mois?

M. DE SALLUS.

Vous êtes folle.

MADAME DE SALLUS.

Vous le prenez ainsi, bonsoir!

Elle va sortir. Il la retient.

M. DE SALLUS.

Voyons, cessez ces plaisanteries-là.

MADAME DE SALLUS.

Cinq mille francs! Dites-moi si elle vous coûtait cinq mille francs?

M. DE SALLUS.

Oui, à peu près.

MADAME DE SALLUS.

Eh bien! mon ami, donnez-moi tout de suite cinq mille francs, et je vous signe un bail d'un mois.

M. DE SALLUS.

Mais vous avez perdu la tête!

MADAME DE SALLUS.

Bonsoir! Bonne nuit!

M. DE SALLUS.

Quelle toquée! Voyons, Madeleine, restez, nous allons causer sérieusement.

MADAME DE SALLUS.

De quoi?

M. DE SALLUS.

De... de... de mon amour pour vous.

MADAME DE SALLUS.

Mais il n'est pas sérieux du tout, votre amour.

M. DE SALLUS.

Je vous jure que oui.

MADAME DE SALLUS.

Blagueur! Tenez, vous me donnez soif à force de me faire parler.

Elle va au plateau portant la théière et les sirops et se verse un verre d'eau claire. Au moment où elle va le boire, son mari s'approche sans bruit et lui baise le cou.

Elle se retourne brusquement et lui jette son verre d'eau en pleine figure.

M. DE SALLUS.

Ah! c'est stupide!

MADAME DE SALLUS.

Ça ce peut. Mais ce que vous avez fait, ou tenté de faire, était ridicule.

M. DE SALLUS.

Voyons, Madeleine.

MADAME DE SALLUS.

Cinq mille francs.

M. DE SALLUS.

Mais ce serait idiot.

MADAME DE SALLUS.

Pourquoi ça?

M. DE SALLUS.

Comment, pourquoi? Un mari payer sa femme, sa femme légitime! Mais j'ai le droit...

MADAME DE SALLUS.

Non. Vous avez la force... et moi, j'aurai... ma vengeance.

M. DE SALLUS.

Madeleine...

MADAME DE SALLUS.

Cinq mille francs.

M. DE SALLUS.

Je serais déplorablement ridicule si je donnais de l'argent à ma femme; ridicule et imbécile.

MADAME DE SALLUS.

Il est bien plus bête, quand on a une femme, une femme comme moi, d'aller payer des cocottes.

M. DE SALLUS.

Je le confesse. Cependant si je vous ai épousée, ce n'est pas pour me ruiner avec vous.

MADAME DE SALLUS.

Permettez. Quand vous portez de l'argent, votre argent qui est aussi mon argent par conséquent, chez une drôlesse, vous commettez une action plus que douteuse : vous me ruinez, moi, en même temps que vous vous ruinez, puisque vous employez ce mot. J'ai eu la délicatesse de ne pas vous demander plus que la drôlesse en question. Or, les cinq mille francs que vous allez me donner resteront dans votre maison, dans votre ménage. C'est une grosse économie que vous faites. Et puis, je vous connais, jamais vous n'aimerez tout à fait ce qui est droit et légitime; or, en payant cher, très cher, car je vous demanderai peut-être de l'augmentation, ce que vous avez le droit de prendre, vous trouverez notre... liaison beaucoup plus savoureuse... Maintenant, Monsieur, bonsoir, je vais me coucher.

M. DE SALLUS, d'un air insolent.

Voulez-vous un chèque ou des billets de banque?

MADAME DE SALLUS, avec hauteur.

Je préfère les billets de banque.

M. DE SALLUS, ouvrant son portefeuille.

Je n'en ai que trois. Je vais compléter avec un chèque.

Il le signe, puis tend le tout à sa femme.

MADAME DE SALLUS prend, regarde son mari avec dédain, puis d'une voix dure.

Vous êtes bien l'homme que je pensais. Après avoir payé des filles vous consentez à me payer comme elles, tout de suite, sans révolte. Vous avez trouvé que c'était cher, vous avez craint d'être grotesque. Mais vous ne vous êtes pas aperçu que je me vendais, moi, votre femme. Vous me désiriez un peu pour vous changer de vos gueuses, alors je me suis avilie à devenir semblable à elles; vous ne m'avez pas repoussée, mais désirée davantage, autant qu'elles, même plus puisque j'étais plus méprisable.

Vous vous êtes trompé, mon cher, ce n'est pas ainsi que vous auriez pu me conquérir. Adieu!

Elle lui jette son argent au visage et sort.

ACTE II.

SCÈNE PREMIÈRE.

Mme DE SALLUS seule dans son salon, comme au premier acte.
Elle écrit, puis lève les yeux vers la pendule.

UN DOMESTIQUE, annonçant.

Monsieur Jacques de Randol!

JACQUES DE RANDOL, après lui avoir baisé la main.

Vous allez bien, Madame?

MADAME DE SALLUS.

Assez bien, merci.

Le domestique sort.

JACQUES DE RANDOL.

Qu'y a-t-il? Votre lettre m'a bouleversé. J'ai cru un accident arrivé et je suis accouru.

MADAME DE SALLUS.

Il y a, mon ami, qu'il faut prendre une grande résolution et que l'heure est très grave pour nous.

JACQUES DE RANDOL.

Expliquez-vous.

MADAME DE SALLUS.

Depuis deux jours, j'ai subi toutes les angoisses que puisse endurer le cœur d'une femme.

JACQUES DE RANDOL.

Que s'est-il passé?

MADAME DE SALLUS.

Je vais vous le dire, et je vais m'efforcer de le faire avec calme pour que vous ne me croyiez pas folle. Je ne puis plus vivre ainsi... et je vous ai appelé...

JACQUES DE RANDOL.

Vous savez que je suis à vous. Dites ce que je dois faire...

MADAME DE SALLUS.

Je ne puis plus vivre près de lui. C'est impossible. Il me torture.

JACQUES DE RANDOL.

Votre mari?

MADAME DE SALLUS.

Oui, mon mari.

JACQUES DE RANDOL.

Qu'a-t-il fait?

MADAME DE SALLUS.

Il faut remonter à votre départ, l'autre jour. Quand nous avons été seuls, il m'a d'abord fait une scène de jalousie à votre sujet.

JACQUES DE RANDOL.

A mon sujet?

MADAME DE SALLUS.

Oui, une scène prouvant même qu'il nous espionnait un peu.

JACQUES DE RANDOL.

Comment?

MADAME DE SALLUS.

Il avait interrogé un domestique.

JACQUES DE RANDOL.

Rien de plus?

MADAME DE SALLUS.

Non. D'ailleurs cela n'a pas d'importance, et il vous aime beaucoup en réalité. Puis, il m'a déclaré son amour. Moi, j'ai peut-être été trop insolente... trop dédaigneuse, je ne sais pas au juste. Je me trouvais dans une situation si grave, si pénible, si difficile, que j'ai tout osé pour l'éviter.

JACQUES DE RANDOL.

Qu'avez-vous fait?

MADAME DE SALLUS.

J'ai tâché de le blesser de telle sorte qu'il s'éloignât de moi pour toujours.

JACQUES DE RANDOL.

Vous n'avez point réussi, n'est-ce pas?

MADAME DE SALLUS.

Non.

JACQUES DE RANDOL.

Ça ne réussit jamais, ces moyens-là, au contraire; ça rapproche.

MADAME DE SALLUS.

Le lendemain, pendant tout le déjeuner, il avait l'air méchant, excité, sournois. Puis, au moment de se lever de table, il m'a dit : « Je n'oublierai point votre procédé d'hier, et je ne vous le laisserai pas oublier non plus. Vous voulez la guerre, ce sera la guerre. Mais je vous préviens que je vous dompterai, car je suis le maître. » — Je lui ai répondu : « Soit. Mais, si vous me poussez à bout, prenez garde... Il ne faut pas jouer avec les femmes... »

JACQUES DE RANDOL.

Il ne faut surtout pas jouer ce jeu-là avec sa femme... Et il a répondu?

MADAME DE SALLUS.

Il n'a pas répondu, il m'a brutalisée.

JACQUES DE RANDOL.

Comment? il vous a frappée?

MADAME DE SALLUS.

Oui et non. Il m'a brutalisée, étreinte, meurtrie. J'en ai gardé des noirs tout le long des bras. Mais il ne m'a point frappée.

JACQUES DE RANDOL.

Alors, qu'a-t-il fait?

MADAME DE SALLUS.

Il m'embrassait, en cherchant à maîtriser ma résistance.

JACQUES DE RANDOL.

C'est tout?...

MADAME DE SALLUS.

Comment, c'est tout?... Vous trouvez que ce n'est pas assez... vous?

JACQUES DE RANDOL.

Vous ne me comprenez pas : je voulais savoir s'il vous avait battue.

MADAME DE SALLUS.

Eh non! ce n'est pas cela que je crains de lui!... J'ai pu heureusement atteindre la sonnette.

JACQUES DE RANDOL.

Vous avez sonné?

MADAME DE SALLUS.

Oui.

JACQUES DE RANDOL.

Oh! par exemple!... Et quand le domestique est venu, vous l'avez prié de reconduire votre mari?

MADAME DE SALLUS.

Vous trouvez cela plaisant?

JACQUES DE RANDOL.

Non, ma chère amie, cela me désole, mais je ne puis m'empêcher de juger la situation originale. Pardonnez-moi... Et après?

MADAME DE SALLUS.

J'ai demandé ma voiture. Alors, aussitôt après le départ de Joseph, il m'a dit, avec cet air arrogant que vous lui connaissez : « Aujourd'hui ou demain, peu m'importe!... »

JACQUES DE RANDOL.

Et?...

MADAME DE SALLUS.

C'est presque tout.

JACQUES DE RANDOL.

Presque?...

MADAME DE SALLUS.

Oui, car je me barricade chez moi à présent, dès que je l'entends rentrer.

JACQUES DE RANDOL.

Vous ne l'avez pas revu ?

MADAME DE SALLUS.

Oui, plusieurs fois;... mais quelques instants, chaque fois, seulement.

JACQUES DE RANDOL.

Que vous a-t-il dit?

MADAME DE SALLUS.

Presque rien. Il ricane ou il demande avec insolence : « Êtes-vous moins farouche, aujourd'hui? » Enfin, hier soir, à table, il a apporté un petit livre qu'il s'est mis à lire pendant le dîner. Comme je ne voulais pas paraître gênée ou anxieuse, j'ai dit : « Vous prenez décidément envers moi des habitudes d'exquise courtoisie. » — Il sourit. — « Lesquelles? » — Vous choisissez, pour lire, les instants où nous sommes ensemble. » Il répondit : « Mon Dieu, c'est votre faute, puisque vous ne me permettez pas autre chose. Ce petit livre est d'ailleurs fort intéressant : il s'appelle le Code! Voulez-vous me permettre de vous en faire connaître quelques articles qui vous plairont certainement? » — Alors il m'a lu la loi, tout ce qui concerne le mariage, les devoirs de la femme et les droits du mari; puis il m'a regardée, bien en face, en demandant : « Avez-vous compris? » — J'ai répondu sur le même ton : « Oui, trop : je viens de comprendre enfin quelle espèce d'homme j'ai épousé! » Puis je suis sortie, et je ne l'ai plus revu.

JACQUES DE RANDOL.

Vous ne l'avez pas vu aujourd'hui?

MADAME DE SALLUS.

Non : il a déjeuné dehors. Alors, moi, j'ai songé, et je suis décidée à ne plus me trouver en face de lui.

JACQUES DE RANDOL.

Êtes-vous sûre qu'il n'y ait pas là dedans beaucoup de colère, de vanité froissée par votre attitude, beaucoup de bravade et de dépit? Peut-être sera-t-il très gentil tout à l'heure. Il a passé sa soirée d'hier à l'Opéra. La Santelli a eu un gros succès dans *Mahomet*, et je crois qu'elle l'a invité à souper. Or, si le souper a été de son goût, peut-être est-il à présent d'une humeur charmante.

MADAME DE SALLUS.

Oh! que vous êtes irritant!... Comprenez donc que je suis au pouvoir de cet homme, que je lui appartiens, plus que son valet et même que son chien, car il a sur moi des droits ignobles. Le Code, votre code de sauvages, me livre à lui sans défense, sans révolte possible : sauf me tuer, il peut tout. Comprenez-vous cela, vous? comprenez-vous l'horreur de ce droit?... Sauf me tuer, il peut tout!... Et il a la force, la force et la police pour tout exiger!... et moi, je n'ai pas un moyen d'échapper à cet homme que je méprise et que je hais! Oui, voilà votre loi!... Il m'a prise, épousée, puis délaissée. Moi, j'ai le droit moral, le droit absolu de le haïr. Eh bien! malgré cette haine légitime, malgré le dégoût, l'horreur que doit m'inspirer à présent ce mari qui m'a dédaignée, trompée, qui a couru, sous mes yeux, de fille en fille, il peut à son gré exiger de moi un honteux, un infâme abandon!... Je n'ai pas le droit de me cacher, car je n'ai pas le droit d'avoir une clef qui ferme ma porte. Tout est à lui : la clef, la porte et la femme!... Mais c'est monstrueux, cela! N'être plus maître de soi, n'avoir plus la liberté sacrée de préserver sa chair de pareilles souillures; ne voilà-t-il pas la plus abominable loi que vous ayez établie, vous autres?

JACQUES DE RANDOL.

Oh! je comprends bien ce que vous devez souffrir, mais je ne vois point de remède. Aucun magistrat ne peut vous protéger; aucun texte ne peut vous garantir.

MADAME DE SALLUS.

Je le sais bien. Mais quand on n'a plus ni père ni mère, quand la police est contre vous et quand on n'accepte pas les transactions dégradantes dont s'accommodent la plupart des femmes, il y a toujours un moyen.

JACQUES DE RANDOL.

Lequel?

MADAME DE SALLUS.

Quitter la maison.

JACQUES DE RANDOL.

Vous voulez?...

MADAME DE SALLUS.

M'enfuir.

JACQUES DE RANDOL.

Seule?

MADAME DE SALLUS.

Non, — avec vous.

JACQUES DE RANDOL.

Avec moi! Y songez-vous?

MADAME DE SALLUS.

Oui. Tant mieux. Le scandale empêchera qu'il me reprenne. Je suis brave. Il me force au déshonneur, il sera complet, éclatant, tant pis pour lui, tant pis pour moi!

JACQUES DE RANDOL.

Oh! prenez garde, vous êtes dans une de ces minutes d'exaltation où l'on commet d'irréparables folies.

MADAME DE SALLUS.

J'aime mieux commettre une folie, et me perdre, puisqu'on appelle cela se perdre, que de m'exposer à cette lutte infâme de chaque jour dont je suis menacée.

JACQUES DE RANDOL.

Madeleine, écoutez-moi. Vous êtes dans une situation terrible, ne vous jetez pas dans une situation désespérée. Soyez calme.

MADAME DE SALLUS.

Et que me conseillez-vous?...

JACQUES DE RANDOL.

Je ne sais pas..., nous allons voir. Mais je ne puis vous conseiller un scandale qui vous mettrait hors la loi du monde.

MADAME DE SALLUS.

Ah! oui, cette autre loi qui permet d'avoir des amants avec pudeur, sans blesser les bienséances!

JACQUES DE RANDOL.

Il ne s'agit pas de cela, mais de ne point mettre les torts de votre côté, dans votre querelle avec votre mari. Êtes-vous décidée à le quitter?

MADAME DE SALLUS.

Oui.

JACQUES DE RANDOL.

Bien décidée?

MADAME DE SALLUS.

Oui.

JACQUES DE RANDOL.

Pour tout à fait?

MADAME DE SALLUS.

Pour tout à fait.

JACQUES DE RANDOL.

Eh bien! soyez rusée, adroite. Sauvegardez votre réputation, votre nom, ne faites ni bruit ni scandale, attendez une occasion...

MADAME DE SALLUS.

Et soyez charmante quand il rentrera, prêtez-vous à ses fantaisies...

JACQUES DE RANDOL.

Oh! Madeleine. Je vous parle en ami...

MADAME DE SALLUS.

En ami prudent...

JACQUES DE RANDOL.

En ami qui vous aime trop pour vous conseiller une maladresse.

MADAME DE SALLUS.

Et juste assez pour me conseiller une lâcheté.

JACQUES DE RANDOL.

Moi, jamais! Mon plus ardent désir est de vivre près de vous. Obtenez votre divorce, et alors, si vous le voulez bien, je vous épouserai.

MADAME DE SALLUS.

Oui, dans deux ans. Vous avez l'amour patient.

JACQUES DE RANDOL.

Mais, si je vous enlève, il vous reprendra demain, chez moi, vous fera condamner à la prison, vous! et rendra impossible que vous deveniez jamais ma femme.

MADAME DE SALLUS.

Ne peut-on fuir ailleurs que chez vous? et se cacher de telle sorte qu'il ne nous retrouve point?

JACQUES DE RANDOL.

Oui, — on peut se cacher; mais alors il faut vivre caché jusqu'à sa mort, sous un faux nom, à l'étranger, ou au fond d'un village. C'est le bagne de l'amour, cela! Dans trois mois, vous me haïriez. Je ne vous laisserai pas commettre cette folie.

MADAME DE SALLUS.

Je croyais que vous m'aimiez assez pour la faire avec moi. Je me suis trompée, adieu!

JACQUES DE RANDOL.

Madeleine. Écoutez...

MADAME DE SALLUS.

Jacques, il faut me prendre ou me perdre. Répondez.

JACQUES DE RANDOL.

Madeleine, je vous en supplie.

MADAME DE SALLUS.

Cela suffit... Adieu!

Elle se lève et va vers la porte.

JACQUES DE RANDOL.

Je vous en supplie, écoutez-moi.

MADAME DE SALLUS.

Non..., non..., non... Adieu!

Il la prend par les bras, elle se débat exaspérée.

MADAME DE SALLUS.

Laissez-moi! Laissez-moi! Voulez-vous me laisser partir, ou j'appelle.

JACQUES DE RANDOL.

Appelez, mais écoutez-moi. Je ne veux pas que vous puissiez me reprocher un jour l'acte de démence que vous méditez. Je ne veux pas que vous me haïssiez; que, liée à moi par cette fuite, vous portiez en vous le cuisant regret de ce que je vous aurai laissée faire...

MADAME DE SALLUS.

Lâchez-moi... Vous me faites pitié;... lâchez-moi!

JACQUES DE RANDOL.

Vous le voulez? Eh bien, partons.

MADAME DE SALLUS.

Oh non! Plus maintenant. A présent, je vous connais. Il est trop tard. Lâchez-moi donc!

JACQUES DE RANDOL.

J'ai fait ce que je devais faire. J'ai dit ce que je devais dire. Je ne suis plus responsable envers vous, vous n'aurez plus le droit de m'adresser de reproches. Partons.

MADAME DE SALLUS.

Non. Trop tard. Je n'accepte pas les sacrifices.

JACQUES DE RANDOL.

Il ne s'agit pas de sacrifice. Fuir avec vous est mon plus ardent désir.

MADAME DE SALLUS, stupéfaite.

Vous êtes fou!

JACQUES DE RANDOL.

Pourquoi, fou? N'est-ce pas naturel, puisque je vous aime?

MADAME DE SALLUS.

Expliquez-vous.

JACQUES DE RANDOL.

Que voulez-vous que j'explique? Je vous aime, je n'ai pas autre chose à dire. Partons.

MADAME DE SALLUS.

Vous étiez tout à l'heure trop circonspect pour devenir tout à coup si hardi.

JACQUES DE RANDOL.

Vous ne me comprenez pas. Ecoutez-moi. Quand j'ai senti que je vous aimais, j'ai pris vis-à-vis de moi et vis-à-vis de vous un engagement sacré. L'homme qui devient l'amant d'une femme comme vous, mariée et délaissée, esclave de fait et moralement libre, crée entre elle et lui un lien que seule elle peut dénouer. Cette femme risque tout. Et c'est justement parce qu'elle le sait, parce qu'elle donne tout, son cœur, son corps, son âme, son honneur, sa vie, parce qu'elle a prévu toutes les misères, tous les dangers, toutes les catastrophes, parce qu'elle ose un acte hardi, un acte intrépide, parce qu'elle est préparée, décidée à tout braver : son mari qui peut la tuer et le monde qui peut la rejeter, c'est pour cela qu'elle est belle dans son infidélité conjugale; c'est pour cela que son amant, en la prenant, doit avoir aussi tout prévu, et la préférer à tout, quoi qu'il arrive. Je n'ai plus rien à dire. J'ai parlé d'abord en homme sage qui devait vous prévenir, il ne reste plus en moi qu'un homme, celui qui vous aime. Ordonnez.

MADAME DE SALLUS.

C'est bien dit. Mais est-ce vrai?

JACQUES DE RANDOL.

C'est vrai!

MADAME DE SALLUS.

Vous désirez partir avec moi?

JACQUES DE RANDOL.

Oui.

MADAME DE SALLUS.

Du fond du cœur?

JACQUES DE RANDOL.

Du fond du cœur.

MADAME DE SALLUS.

Aujourd'hui?

JACQUES DE RANDOL.

Quand vous voudrez.

MADAME DE SALLUS.

Il est sept heures trois quarts. Mon mari va rentrer. Nous dînons à huit. Je serai libre à neuf heures et demie ou dix heures.

JACQUES DE RANDOL.

Où faut-il vous attendre?

MADAME DE SALLUS.

Au bout de la rue, dans un coupé. (On entend le timbre.) Le voilà. C'est la dernière fois,... heureusement.

SCÈNE II.

LES MÊMES, M. DE SALLUS.

M. DE SALLUS, *à Jacques de Randol qui s'est levé pour partir.*

Eh bien! quoi? Vous vous en allez encore? Il suffit donc que je me montre pour vous faire fuir?

JACQUES DE RANDOL.

Non, mon cher Sallus, vous ne me faites pas fuir, mais je partais.

M. DE SALLUS.

C'est justement ce que je dis. Vous partez toujours au moment précis où j'arrive. Je comprends que le mari ait moins de séduction que la femme. Laissez-lui croire, au moins, qu'il ne vous déplaît pas trop.

Il rit.

JACQUES DE RANDOL.

Vous me plaisez beaucoup, au contraire, et si vous aviez la bonne habitude d'entrer chez vous sans sonner, vous ne me trouveriez jamais prêt à partir quand vous entrez.

M. DE SALLUS.

Pourtant,... il est assez naturel de sonner aux portes.

JACQUES DE RANDOL.

Oui, mais un coup de sonnette me fait toujours me lever, et, rentrant chez vous, vous pourriez vous dispenser de vous annoncer comme les autres.

M. DE SALLUS.

Je ne comprends pas très bien.

JACQUES DE RANDOL.

C'est fort simple. Quand je vais chez les gens qui me plaisent comme Mme de Sallus, ou comme vous, je ne tiens nullement à me rencontrer chez eux avec le tout Paris qui passe ses après-midi à semer des fleurs d'esprit de salon en salon. Je connais ces fleurs et ces semences. Il suffit de l'entrée d'une de ces dames ou d'un de ces hommes pour me gâter tout le plaisir que j'ai eu en trouvant seule la femme que j'étais venu voir. Or, quand je me suis laissé pincer sur mon siège, je suis perdu; je ne sais plus m'en aller, je me laisse prendre dans l'engrenage de la conversation courante; et comme j'en connais toutes les demandes et toutes les réponses, mieux que celles du catéchisme, je ne peux plus m'arrêter : il faut que j'aille jusqu'au bout, jusqu'à la dernière considération sur la pièce, ou le livre, ou le divorce, ou le mariage, ou la mort du jour. Vous comprenez alors pourquoi je me lève brusquement à toutes les menaces de la sonnette?

M. DE SALLUS, riant.

C'est très vrai, ce que vous dites. Nos maisons

sont inhabitables de quatre à sept. Nos femmes n'ont pas le droit de se plaindre si nous les lâchons pour le cercle.

MADAME DE SALLUS.

Je ne peux pourtant pas recevoir ces demoiselles du ballet, ou ces dames du chant et de la comédie, et tous les artistes peintres, poètes, musiciens et autres des Mirlitons, pour vous garder près de moi.

M. DE SALLUS.

Je n'en demande pas tant. Quelques hommes d'esprit et quelques jolies femmes et pas de foule.

MADAME DE SALLUS.

C'est impossible. On ne peut pas fermer sa porte.

JACQUES DE RANDOL.

Non, on ne peut pas, en effet, endiguer cette coulée de niais à travers les salons.

M. DE SALLUS.

Pourquoi?

MADAME DE SALLUS.

Parce que c'est comme ça, aujourd'hui.

M. DE SALLUS.

C'est dommage. J'aimerais beaucoup une intimité restreinte et choisie.

MADAME DE SALLUS.

Vous?

M. DE SALLUS.

Mais oui! moi!

MADAME DE SALLUS, riant.

Ah! ah! ah! La jolie intimité que vous me feriez! Ah! Les charmantes femmes et les hommes comme il faut! C'est moi qui quitterais la maison, alors!

M. DE SALLUS.

Ma chère amie, je demanderais seulement trois ou quatre femmes comme vous.

MADAME DE SALLUS.

Vous dites?

M. DE SALLUS.

Trois ou quatre femmes comme vous.

MADAME DE SALLUS.

S'il vous en faut quatre je comprends que vous ayez trouvé la maison déserte.

M. DE SALLUS.

Vous saisissez fort bien ce que je veux dire, et je n'ai pas besoin de m'expliquer davantage. Il me suffit que vous soyez seule chez vous pour que je m'y plaise plus que partout ailleurs.

MADAME DE SALLUS.

Je ne vous reconnais plus. Mais vous êtes malade, très malade! Peut-être allez-vous mourir!

M. DE SALLUS.

Raillez-moi tant que vous voudrez, je ne me fâcherai pas.

MADAME DE SALLUS.

Et ça va durer?

M. DE SALLUS.

Toujours.

MADAME DE SALLUS.

Souvent homme varie.

M. DE SALLUS.

Mon cher Randol, voulez-vous me faire le plaisir de dîner avec nous? Vous détournerez les épigrammes que ma femme semble avoir aiguisées pour moi.

JACQUES DE RANDOL.

Merci mille fois, vous êtes tout à fait gentil, mais je ne suis pas libre.

M. DE SALLUS.

Je vous en prie, faites-vous libre.

JACQUES DE RANDOL.

Vrai, je ne peux pas.

M. DE SALLUS.

Vous dînez en ville?

JACQUES DE RANDOL.

Oui... C'est-à-dire, non... J'ai un rendez-vous à neuf heures.

M. DE SALLUS.

Très important?

JACQUES DE RANDOL.

Très important.

M. DE SALLUS.

De femme?

JACQUES DE RANDOL.

Mon cher!...

M. DE SALLUS.

Soyez discret... Mais ça ne vous empêche pas de dîner avec nous.

JACQUES DE RANDOL.

Merci, je ne peux pas.

M. DE SALLUS.

Vous partirez quand vous voudrez.

JACQUES DE RANDOL.

Et mon habit?

M. DE SALLUS.

Je l'envoie chercher.

JACQUES DE RANDOL.

Non,... vrai,... merci.

M. DE SALLUS, *à sa femme.*

Ma chère amie, gardez donc Randol.

MADAME DE SALLUS.

Mon cher, je vous avoue que je n'y tiens pas beaucoup.

M. DE SALLUS.

Vous êtes charmante pour tout le monde, ce soir. Et pourquoi?

MADAME DE SALLUS.

Mon Dieu! Je ne tiens pas à garder mes amis pour vous faire plaisir à vous et pour vous retenir chez vous. Amenez les vôtres.

M. DE SALLUS.

Je resterai de toute façon, et vous m'aurez alors en tête à tête.

MADAME DE SALLUS.

Allons donc?

M. DE SALLUS.

Mais oui.

MADAME DE SALLUS.

Toute la soirée?

M. DE SALLUS.

Toute la soirée.

MADAME DE SALLUS, ironique.

Mon Dieu, quelle peur vous me faites! Et en quel honneur?

M. DE SALLUS.

Pour avoir le plaisir d'être près de vous.

MADAME DE SALLUS.

Tiens, mais vous êtes en d'excellentes dispositions.

M. DE SALLUS.

Alors priez Randol de rester.

MADAME DE SALLUS.

M. de Randol fera ce qu'il lui plaira. Il sait bien qu'il m'est toujours agréable de le voir. (Elle se lève et après avoir réfléchi.) Vous dînez avec nous, monsieur de Randol. Vous pourrez partir ensuite.

JACQUES DE RANDOL.

Avec plaisir, madame.

MADAME DE SALLUS.

Je vous demande une minute. Il est huit heures. On va servir.

Elle sort.

SCÈNE III.

M. DE SALLUS, JACQUES DE RANDOL.

M. DE SALLUS.

Mon cher, vous me rendriez un vrai service en passant la soirée ici.

JACQUES DE RANDOL.

Je vous assure que je ne peux pas.

M. DE SALLUS.

C'est tout à fait, tout à fait impossible?

JACQUES DE RANDOL.

Tout à fait.

M. DE SALLUS.

Cela me désole.

JACQUES DE RANDOL.

Et pourquoi?

M. DE SALLUS.

Oh! pour des raisons intimes. Parce que... j'ai besoin de faire la paix avec ma femme.

JACQUES DE RANDOL.

La paix? Vous êtes donc mal ensemble?

M. DE SALLUS.

Pas très bien, comme vous avez pu le voir.

JACQUES DE RANDOL.

Par votre faute ou par la sienne?

M. DE SALLUS.

Par la mienne.

JACQUES DE RANDOL.

Diable!

M. DE SALLUS.

Oui, j'avais des ennuis au dehors, des ennuis sérieux et cela m'avait mis de mauvaise humeur, de sorte que j'ai été taquin, agressif envers elle.

JACQUES DE RANDOL.

Mais je ne vois pas trop en quoi un tiers peut contribuer à une paix de cette nature.

M. DE SALLUS.

Vous me donnez le moyen de lui faire comprendre délicatement, en évitant toute explication, heurt ou froissement, que mes intentions sont changées.

JACQUES DE RANDOL.

Alors, vous avez des intentions de... de rapprochement?

M. DE SALLUS.

Non... non... au contraire.

JACQUES DE RANDOL.

Pardon... Je ne comprends plus.

M. DE SALLUS.

Je désire rétablir et maintenir un *statu quo* de neutralité pacifique. Une sorte de paix de Platon. (Riant.) Mais j'entre en des détails qui ne vous intéressent pas.

JACQUES DE RANDOL.

Pardon encore. Du moment que je joue un rôle en cette affaire, je désire savoir au juste quel est ce rôle.

M. DE SALLUS.

Oh! Un rôle de conciliateur.

JACQUES DE RANDOL.

Alors vous voulez la paix avec des traités et des libertés pour vous?

M. DE SALLUS.

Vous y êtes.

JACQUES DE RANDOL.

Ce qui revient à dire qu'après les ennuis dont vous me parliez tout à l'heure, et qui sont finis, vous désirez être tranquille chez vous pour jouir du bonheur que vous avez conquis au dehors.

M. DE SALLUS.

Enfin, mon cher, la situation est tendue entre ma

femme et moi, très tendue, et j'aime mieux ne pas me trouver seul avec elle tout d'abord, parce que ma position serait fausse.

JACQUES DE RANDOL.

Mon cher, en ce cas, je reste.

M. DE SALLUS.

Toute la soirée?

JACQUES DE RANDOL.

Toute la soirée.

M. DE SALLUS.

Merci, vous êtes un ami. Je reconnaîtrai cela à l'occasion.

JACQUES DE RANDOL.

Oh mon cher! (Un silence.) Vous étiez à l'Opéra, hier?

M. DE SALLUS.

Bien entendu.

JACQUES DE RANDOL.

Ça a très bien marché?

M. DE SALLUS.

Admirablement.

JACQUES DE RANDOL.

La Santelli a eu un gros succès personnel?

M. DE SALLUS.

Pas un succès, un triomphe. On l'a rappelée six fois.

JACQUES DE RANDOL.

Elle est vraiment très bonne.

M. DE SALLUS.

Admirable! jamais on n'avait mieux chanté. Au premier acte, elle a son grand récitatif : « O prince des croyants, écoute ma prière! » qui a fait se lever tout l'orchestre. Et au troisième, après sa phrase : « Clair paradis de la beauté », je n'avais jamais vu un enthousiasme pareil.

JACQUES DE RANDOL.

Elle était contente?

M. DE SALLUS.

Ravie, folle.

JACQUES DE RANDOL.

Vous la connaissez beaucoup?

M. DE SALLUS.

Mais oui, depuis longtemps. J'ai même soupé chez elle avec des amis, cette nuit, après la représentation.

JACQUES DE RANDOL.

Vous étiez nombreux.

M. DE SALLUS.

Non, une dizaine. Elle a été délicieuse.

JACQUES DE RANDOL.

Elle est agréable dans l'intimité?

M. DE SALLUS.

Exquise. Et puis, c'est une femme. Je ne sais pas si vous pensez comme moi, mais je trouve qu'il n'y a presque pas de femmes.

JACQUES DE RANDOL, riant.

Mais si, j'en connais.

M. DE SALLUS.

Oui, vous connaissez des femmes qui ont l'air femme, mais qui ne le sont pas.

JACQUES DE RANDOL.

Définissez.

M. DE SALLUS.

Mon Dieu, nos femmes, nos femmes du monde, à de très rares exceptions près, sont des objets de représentation; jolies, distinguées, elles n'ont de charme que dans leurs salons. Leur vrai rôle consiste à faire admirer leur grâce extérieure, factice et superficielle.

JACQUES DE RANDOL.

On les aime, pourtant.

M. DE SALLUS.

Rarement.

JACQUES DE RANDOL.

Permettez.

M. DE SALLUS.

Oui, les rêveurs; mais les véritables hommes, les passionnés, positifs et tendres n'aiment pas la femme du monde d'aujourd'hui, qui est incapable d'amour. D'ailleurs, mon cher, regardez autour de vous. Vous connaissez des liaisons, car on sait tout; pouvez-vous citer un seul amour, un amour désordonné, comme il y en avait autrefois, inspiré par une femme de notre entourage? Non, n'est-ce pas? Cela flatte d'en avoir une pour maîtresse, oui; cela flatte, cela amuse, puis cela lasse. Regardez, au contraire, les femmes de théâtre, il n'y en a pas une qui n'ait au moins cinq ou six passions à son actif, des actes de folie, des ruines, des duels, des suicides. On les aime, parce qu'elles savent se faire aimer et qu'elles sont des amoureuses, des femmes. Oui, elles ont gardé la science de conquérir l'homme, la séduction du sourire, une manière d'attirer, de prendre, d'envelopper notre cœur, d'ensorceler le regard, même sans être belles à proprement parler. Une puissance d'envahissement enfin qu'on ne retrouve jamais chez nos femmes.

JACQUES DE RANDOL.

Et la Santelli est une séductrice de cette race?

M. DE SALLUS.

La première de toutes, peut-être. Ah! la gueuse, elle sait se faire désirer, celle-là!

JACQUES DE RANDOL.

Rien que ça!

M. DE SALLUS.

Une femme ne se donne jamais la peine de se faire beaucoup désirer quand elle n'a pas d'autre intention.

JACQUES DE RANDOL.

Diable! Vous allez me faire croire que vous avez eu deux premières dans la même soirée.

M. DE SALLUS.

Mais non, mon cher, ne supposez pas des choses pareilles!

JACQUES DE RANDOL.

Mon Dieu, vous aviez l'air si satisfait, si triomphant, si désireux d'avoir le calme chez vous. Si je me suis trompé, je le regrette... pour vous.

M. DE SALLUS.

Admettons que vous vous êtes trompé, et...

SCÈNE IV.

LES MÊMES, Mme DE SALLUS.

M. DE SALLUS, très gai.

Eh bien! ma chère, il reste... il reste... et c'est moi qui ai obtenu ça.

MADAME DE SALLUS.

Mes compliments... Et comment avez-vous fait ce miracle?

M. DE SALLUS.

Bien facilement, en causant.

MADAME DE SALLUS.

Et de quoi avez-vous parlé?

JACQUES DE RANDOL.

Du bonheur qu'on éprouve à rester tranquillement chez soi.

MADAME DE SALLUS.

Je goûte peu ce bonheur-là, moi, j'adore voyager.

JACQUES DE RANDOL.

Mon Dieu! Il y a temps pour tout. Les voyages sont parfois intempestifs.

MADAME DE SALLUS.

Et votre rendez-vous, si important, à neuf heures?
Vous y avez renoncé, monsieur de Randol?

JACQUES DE RANDOL.

Oui, madame.

MADAME DE SALLUS.

Vous êtes changeant.

JACQUES DE RANDOL.

Mais non! mais non! je suis opportuniste.

M. DE SALLUS.

Vous permettez que j'écrive un mot.

Il va s'asseoir à son bureau, à l'autre bout du salon.

MADAME DE SALLUS, *à Jacques de Randol.*

Que s'est-il passé?

JACQUES DE RANDOL.

Rien, tout va bien.

MADAME DE SALLUS.

Quand partons-nous, alors?

JACQUES DE RANDOL.

Nous ne partons plus.

MADAME DE SALLUS.

Vous êtes fou. Pourquoi?

JACQUES DE RANDOL.

Ne me le demandez pas.

MADAME DE SALLUS.

Je suis sûre qu'il nous tend un piège.

JACQUES DE RANDOL.

Mais non. Il est très tranquille, très content, sans aucun soupçon.

MADAME DE SALLUS.

Alors, quoi?

JACQUES DE RANDOL.

Soyez calme. Il est heureux.

MADAME DE SALLUS.

Ça n'est pas vrai.

JACQUES DE RANDOL.

Mais oui. Il a répandu son bonheur dans mon sein.

MADAME DE SALLUS.

C'est une feinte, il nous veut espionner.

JACQUES DE RANDOL.

Mais non. Il est confiant et pacifique, il n'a peur que de vous.

MADAME DE SALLUS.

De moi?

JACQUES DE RANDOL.

Mais oui. Comme vous aviez peur de lui tout à l'heure.

MADAME DE SALLUS.

Vous perdez la tête. Mon Dieu ! que vous êtes léger !

JACQUES DE RANDOL.

Tenez, je parierais que c'est lui qui va sortir ce soir.

MADAME DE SALLUS.

En ce cas, partons aussitôt.

JACQUES DE RANDOL.

Mais non. Je vous dis qu'il n'y a plus rien à craindre.

MADAME DE SALLUS.

Oh ! vous finirez par m'exaspérer avec votre aveuglement.

M. DE SALLUS, de loin.

Ma chère amie, j'ai une bonne nouvelle à vous annoncer. J'ai pu reprendre chaque semaine votre loge à l'Opéra.

MADAME DE SALLUS.

Vous êtes vraiment trop aimable de me donner le moyen d'applaudir souvent Mme Santelli.

M. DE SALLUS, de loin.

Elle a beaucoup de talent.

JACQUES DE RANDOL.

Et on la dit charmante.

MADAME DE SALLUS, *nerveuse.*

Il n'y a que ces filles-là pour plaire aux hommes.

JACQUES DE RANDOL.

Vous êtes injuste.

MADAME DE SALLUS.

Oh! mon cher monsieur, il n'y a qu'elles pour qui on fasse des folies. Et c'est là, entendez-vous, la seule mesure de l'amour.

M. DE SALLUS, *de loin.*

Pardon, ma chère amie, on ne les épouse pas; et c'est la seule vraie folie qu'on puisse faire pour une femme.

MADAME DE SALLUS.

La belle avance! On subit tous leurs caprices.

JACQUES DE RANDOL.

N'ayant rien à perdre, elles n'ont rien à ménager.

MADAME DE SALLUS.

Ah! les hommes sont de tristes êtres! On épouse une jeune fille parce qu'elle est sage, — et on l'abandonne le lendemain, — et on s'affole d'une fille qui n'est pas jeune, uniquement parce qu'elle n'est pas sage et que tous les hommes connus et riches ont passé par ses bras. Plus elle en a eu, plus elle est cotée, plus elle vaut cher, plus on la respecte, de ce respect particulier de Paris qui ne distingue pas autre chose que le degré de renommée, dû uniquement au tapage qu'on fait, d'où qu'on le fasse. Ah! vous êtes gentils, messieurs.

M. DE SALLUS, souriant de loin.

Prenez garde! On croirait que vous êtes jalouse.

MADAME DE SALLUS.

Moi? Pour qui donc me prenez-vous?

UN DOMESTIQUE, annonçant.

Madame la comtesse est servie!

Il remet une lettre à Sallus.

MADAME DE SALLUS, à Jacques de Randol.

Votre bras, monsieur.

JACQUES DE RANDOL, bas.

Je vous aime!

MADAME DE SALLUS.

Si peu!

JACQUES DE RANDOL.

De toute mon âme!

M. DE SALLUS, qui lit sa lettre.

Allons, bon! Il va falloir que je sorte ce soir.

NOTE.

Quoique *La Paix du Ménage* n'ait été représentée que quelques mois avant la mort de Maupassant, il s'en était occupé dès 1890. Il écrivait à cette date à sa mère :

« Je viens de retoucher, même de refaire toute ma petite pièce en un acte, autrefois en deux actes, sous le titre : *La Paix du Foyer*. Je la crois maintenant *parfaite* et je ne doute pas du succès quand je trouverai une occasion très favorable de la faire jouer. J'ai pris comme titre une réplique de la femme, le voici : *Un duel au canif*. C'est en effet un duel au canif entre elle et son mari. C'est en parlant de lui seul qu'elle emploie ce mot, bien entendu; mais le public l'applique aux deux... »

Voir aussi, pour l'épisode de la fin du premier acte, la nouvelle intitulée : *Au bord du lit* (*Monsieur Parent*).

Maupassant écrivit, avant la publication de son premier volume *Des Vers*, une saynète en vers : *La Demande* et un grand drame historique en trois actes en vers : *La Comtesse de Béthune*, qui ne furent pas représentés. Puis une autre pièce : *Feuille de rose*, qui fut jouée par l'auteur et ses amis chez un des leurs. Les invitations, en raison des situations, furent choisies et restreintes. Ces pièces font partie des premiers essais de jeunesse de l'auteur et n'offrent, au point de vue de la publication, aucun intérêt.

APPENDICE

YVETTE[1].

Au premier étage d'une belle maison moderne. Riche escalier, dorures, faux marbres.

Deux hommes en habit noir, le pardessus sur le bras, montent les dernières marches. L'un, JEAN DE SERVIGNY, avance la main pour sonner; l'autre, LÉON SAVAL, lui arrête le bras.

SCÈNE PREMIÈRE.

LÉON SAVAL.

Voyons, mon cher, où me conduis-tu?

JEAN DE SERVIGNY.

Je te l'ai dit, chez la marquise Obardi.

LÉON SAVAL.

Mais qui est-ce, la marquise Obardi?

JEAN DE SERVIGNY.

Tout le monde le sait.

[1] Maupassant avait projeté d'écrire une pièce tirée de sa nouvelle *Yvette*. Nous en publions les premiers feuillets trouvés dans ses papiers. Le 1er mars 1891, il écrivait à sa mère : «Quand j'aurai fini *L'Angelus*, je ferai tout doucement ma pièce *Yvette*.»

LÉON SAVAL.

Excepté moi.

JEAN DE SERVIGNY.

Eh bien, tu le verras.

LÉON SAVAL.

J'aime mieux savoir.

JEAN DE SERVIGNY.

Que de prudence!

LÉON SAVAL.

Non, je ne suis pas prudent. Qu'ai-je à craindre, d'ailleurs? Mais je ne voudrais point faire un four, et on en fait à chaque pas quand on ne sait point chez qui on marche.

JEAN DE SERVIGNY.

Tu veux dire : sur qui on marche.

LÉON SAVAL.

Oui, peut-être. L'as-tu prévenue, au moins, que tu allais me présenter chez elle.

JEAN DE SERVIGNY, riant.

Prévenir la marquise Obardi? Fais-tu prévenir un cocher d'omnibus que tu monteras dans sa voiture au coin du boulevard?

LÉON SAVAL.

Alors c'est?...

JEAN DE SERVIGNY.

Une parvenue, mon cher, une rastaquouère, une drôlesse charmante sortie on ne sait d'où, apparue un jour, on ne sait comment, dans le monde des aventuriers et sachant y faire figure. Que nous importe, d'ailleurs? On dit que son vrai nom, son nom de fille, car elle est restée fille à tous les titres, sauf au titre innocence, est Octavie Bardin, d'où Obardi, en conservant la première lettre du prénom et en supprimant la dernière du nom.

C'est d'ailleurs une aimable femme dont tu seras inévitablement l'ami et le client, toi, de par ton physique. J'ajoute cependant que si l'entrée est libre en cette demeure, comme dans les bazars, on n'est pas strictement forcé d'acheter ce qui se débite dans la maison. On y tient de tout, on y fait de tout, on y vend de tout, depuis les sourires jusqu'aux concessions de terre dans les nouvelles républiques, de mines dans le centre africain et de passe-partout de l'appartement où nous entrons en ce moment par la grande porte. Demande et tu seras servi selon ta bourse.

La marquise s'installa dans le quartier de l'Étoile, quartier suspect, voici trois ans, et ouvrit ses salons à cette écume des continents qui vient exercer à Paris ses talents divers, redoutables et criminels.

J'allai chez elle. Comment? Je ne le sais plus au juste. J'y allai comme nous allons tous là dedans, parce qu'on y joue, parce que les femmes y sont faciles et les hommes malhonnêtes. J'aime ce monde de flibustiers à décorations variées, qui décrochent une croix de leur poitrine pour vous la vendre dès que vous tirez votre portefeuille. Ils sont tous nobles, tous généraux, tous sénateurs en leurs patries, et tous inconnus à leurs ambassades, à l'exception des espions. Tous parlent de l'honneur à propos de bottes, citent leurs ancêtres à propos de rien, racontent leur vie à propos de tout, hâbleurs, menteurs, filous dangereux comme leurs cartes, trompeurs comme leurs noms, braves à la façon des voleurs de grand chemin, mais jamais banals comme des fonctionnaires français. C'est l'aristocratie du bagne, enfin!

Quant à leurs femmes?... toujours jolies avec une petite

saveur de coquinerie étrangère, avec le mystère de leur existence passée... passée peut-être à moitié dans une maison de correction. Ce sont aussi des conquérantes, des rapaces, de vraies femelles d'oiseaux de proie. Je les adore.

LÉON SAVAL.

Pas de Français dans cette maison?

JEAN DE SERVIGNY.

Mais si, beaucoup au contraire, et ce qu'il y a de mieux puisque nous y allons.

LÉON SAVAL.

Les autres, comment sont-ils?

JEAN DE SERVIGNY.

Très bien. Des généraux, des sénateurs, des hommes du monde, des artistes, de tout. C'est un monde étonnant où toutes les femmes ont des filles, ce qui remplace un contrat de mariage, pour l'œil.

LÉON SAVAL.

Des filles. De vraies jeunes filles?

JEAN DE SERVIGNY.

Oui, mon cher, et pourquoi pas? Elles en ont comme d'autres, ces femmes-là : et elles les marient quand elles peuvent. Celle de la marquise est délicieuse.

LÉON SAVAL.

La fille de la marquise?

JEAN DE SERVIGNY.

Oui, Yvette. Une merveille, grande, magnifique, mûre à

point, aussi blonde que sa mère est brune, admirable rejeton d'aventurière poussé sur le fumier de ce monde-là.

LÉON SAVAL.

Et le moral?

JEAN DE SERVIGNY.

Je ne sais pas, on ne sait pas. Naïve ou rouée? impossible de le dire, peut-être les deux. Il y a des jours où je la crois une sainte, et d'autres où je la crois une rosse. J'éprouve un entraînement irraisonné vers sa candeur possible et une méfiance très raisonnable contre sa rouerie non moins probable. Elle dit des choses à faire frémir une armée, mais les perroquets aussi. Elle est parfois imprudente à me faire croire à sa candeur immaculée et parfois niaise, d'une niaiserie invraisemblable à me faire douter qu'elle ait jamais été naïve. Elle provoque comme une courtisane et se garde comme une vierge. Je ne sais pas. Mais tu vas la voir.

LÉON SAVAL.

Tiens, ça commence à m'amuser d'aller là dedans.

JEAN DE SERVIGNY.

Tu sais que je vais te présenter sous le nom du comte Saval.

LÉON SAVAL.

Ah! mais non, par exemple.

JEAN DE SERVIGNY.

Pourquoi?

LÉON SAVAL.

Je ne veux pas être ridicule.

JEAN DE SERVIGNY.

Mais tout le monde est titré là dedans, mon cher, tout le monde.

(Interruption dans les feuillets du manuscrit.)

Qu'est-ce que ce nouveau visage, la jolie dame?

YVETTE.

La baronne Diodore.

JEAN DE SERVIGNY.

Qu'est-ce que c'est que ça?

YVETTE.

Une personne très influente.

JEAN DE SERVIGNY.

Où ça, très influente.

YVETTE.

Dans les ministères.

LA MARQUISE, à Léon Saval.

Oh! je ne reste guère à Paris plus de cinq à six mois par an. Nous passons les froids dans le Midi, et l'été quelque part à la campagne. Je viens d'ailleurs de louer une villa à Bougival, j'espère que vous me ferez le plaisir d'y venir avec le duc.

LÉON SAVAL.

Avec bonheur, madame.

YVETTE.

Oh oui, Muscade viendra nous voir à Chatou. Nous ferons un tas de bêtises, à la campagne.

JEAN DE SERVIGNY.

Je vous suivrai partout où vous me direz d'aller mam'zelle.

YVETTE.

Eh bien, Muscade, je vous nomme général en chef.

LÉON SAVAL.

Pourquoi donc Mlle Yvette appelle-t-elle toujours mon ami Servigny « Muscade ».

YVETTE.

C'est parce qu'il vous glisse toujours dans la main, monsieur. On croit le tenir, on ne l'a jamais.

LA MARQUISE, *indolente, à Saval.*

Elle est très drôle avec eux, mais si folle. J'ai beau faire, je ne puis la rendre sérieuse. Et puis le duc l'excite à commettre un tas d'imprudences, il me la gâte, et on finira par prendre mauvaise opinion d'elle.

JEAN DE SERVIGNY, *souriant.*

Oh ! marquise, c'est impossible, avec l'éducation et l'exemple que vous lui donnez !

YVETTE.

Maman, laisse-le tranquille, c'est le plus amusant de tous.

JEAN DE SERVIGNY.

Merci, mam'zelle, pour la comparaison.

YVETTE.

Il faudra que nous enrégimentions M. Saval.

LÉON SAVAL.

Dans quel régiment, mademoiselle ?

YVETTE.

Dans le mien, monsieur.

LÉON SAVAL.

J'en suis d'avance.

LA MARQUISE.

C'est une gaminerie qu'elle a imaginée. Comme ces messieurs sont très gentils avec elle, elle les tourmente sans raison...

YVETTE.

Vous avez vu *la Grande Duchesse?*

LÉON SAVAL.

Oui, mademoiselle.

YVETTE.

Moi aussi; j'ai vu la reprise, bien qu'on m'ait défendu de le dire. Eh bien, je me suis proclamée grande duchesse et j'ai formé un régiment que je passe en revue tous les jeudis. Vous allez voir. (Elle crie.) Prince... prince... (Un monsieur chauve à favoris, constellé de croix, s'avance en souriant. — Yvette, présentant.) Baron Saval. Prince Kravalow. — Le prince est le chef de ma police, en sa qualité de Russe. Il met tout le monde dedans excepté moi qui connais son jeu.

LE PRINCE.

Mademoiselle...

YVETTE crie.

Chevalier!... chevalier. (Un homme maigre, brun et lent s'approche. — Yvette, présentant.) Chevalier Valréali. Baron Saval.

OPINION DE LA PRESSE

SUR

MUSOTTE.

Journal des Débats, 9 mars 1891 (Jules Lemaître).

«Si je n'ai pas tout à fait pleuré à *Musotte,* il s'en est fallu de fort peu; et c'est la première fois, depuis assez longtemps, que j'ai senti, au théâtre, «un désir de larmes», pour parler comme le vieil Homère. Je passe donc aisément condamnation sur les pardonnables défauts du drame de MM. de Maupassant et Normand, sur certaines lenteurs du premier et du troisième acte et sur la multiplicité, non entièrement justifiée, des personnages accessoires; je ne retiens que ceci : c'est que *Musotte* est une œuvre profondément humaine et tendre, où une situation très difficile et très délicate se dénoue avec aisance et vraisemblance, tout simplement parce que les intéressés sont de braves cœurs; une œuvre enfin qui respire d'un bout à l'autre la plus large, la plus indépendante et la plus mâle bonté.»

....

Le Figaro, 5 mars 1891 (Albert Wolff).

«L'œuvre distinguée que le théâtre du Gymnase a jouée hier se trouve en germe dans une nouvelle de quelques pages intitulée *l'Enfant;* elle fait partie d'une série de contes réunis sous le titre de *Clair de Lune.* L'histoire est exquise et particulièrement touchant[illegible]ais ce n'est pas là le plus grand mérite de la pièce; elle nous apporte un grand don d'observation, une conception nette de la vie, une peinture exacte du milieu et l'analyse du sentiment dans un dialogue vibrant de clarté et d'éloquence simple.

....

«Le dessin des personnages est si net, les couplets d'amour entre les jeunes époux sont d'un tour si neuf, et le drame qui surgit vers la fin est présenté de façon si rapide, sans inutiles déclamations, qu'il s'est aussitôt dégagé de cette œuvre moderne comme un parfum de nouveauté qui nous a tous ravis. Il n'y a pas dans cet acte un mot banal, pas une scène de remplissage, et l'écriture, comme on dit aujourd'hui, est d'une limpidité rare.»

....

Le Temps, 9 mars 1891 (Francisque Sarcey).

«J'arrive à *Musotte* qui a été le grand événement de la semaine. *Musotte* est une comédie en trois actes de MM. Guy de Maupassant et Jacques Normand. M. Jacques Normand en avait tiré l'idée première et sans doute le scénario d'une nouvelle parue sous ce titre, dans un des volumes de M. Guy de Maupassant. Mais nous pouvons croire, bien que nous n'ayons aucun droit, je le reconnais, à pénétrer les mystères de la collaboration, que M. Guy de Maupassant a écrit ou récrit la pièce d'un bout à l'autre. Le style porte sa marque indéniable. M. Jacques Normand est un écrivain très élégant; l'autre est un grand écrivain, je n'ose pas dire : le premier de ce temps, parce qu'il ne faut froisser personne; mais je ne suis pas loin de le penser.

....

«Mais quand toute une salle pleure, c'est l'auteur qui a raison. Au reste la scène est admirablement faite; d'une merveilleuse sobriété d'exécution, sans un mot qui sente la convention et le mélodrame. Chacun des deux personnages ne dit que juste ce qu'il doit dire et le dit avec une netteté, une force et une couleur, où nous avons tous reconnu le Maupassant des bons jours.

«Je n'ai guère vu de triomphe comparable à celui de ce second acte. On criait au chef-d'œuvre. Chef-d'œuvre, c'est beaucoup dire. Il faut en rabattre, défions-nous des emballements. C'est une scène qui n'a rien d'original, mais qui est graduée avec infiniment d'art, écrite par un maître et d'un pathétique très intense.

....

« C'était pour nous une question de savoir si M. Guy de Maupassant aurait le style du théâtre, comme il a celui du roman. L'épreuve est faite aujourd'hui. M. de Maupassant écrit naturellement une des meilleures langues qui se soient jamais parlées à la scène : une langue sobre, ferme, lumineuse, où chaque mot reluit et porte. *Musotte* n'est point un chef-d'œuvre, il s'en faut de beaucoup. Mais c'est une œuvre fort intéressante et qui ouvre à son auteur de belles perspectives sur la Comédie-Française. »

. . . .

OPINION DE LA PRESSE

SUR

LA PAIX DU MÉNAGE.

Journal des Débats, 12 mars 1893 (Jules Lemaître).

«Le succès de *La Paix du Ménage* a été très grand. A chaque instant on y sent «une poigne». Si j'ose dire toute mon impression, on y sentait même deux poignes. De temps en temps je me prenais à songer : «Est-ce bien encore du Maupassant, cela? Et «n'est-il pas singulier que cet esprit si original et si vigoureux «ait subi à ce point l'influence de son original et vigoureux par-«rain?» En d'autres termes, il me semblait qu'il y avait, dans cette Madeleine de Sallus, tour à tour si gaillarde et si sérieuse, une femme de Dumas superposée à une femme de Maupassant.

. . . .

«Le dialogue est de première qualité : net, plein, hardi, extrêmement savoureux.»

. . . .

Le Temps, 13 mars 1893 (Francisque Sarcey).

«. . . . . Je crois que Maupassant, s'il eût vécu, aurait pris un jour possession du théâtre, car le dialogue chez lui est scénique, et sa langue est une langue de théâtre, très ferme, très robuste et qui passe par-dessus la rampe. Mais ce n'est point manquer à la déférence que l'on doit à son talent et à son malheur, que de dire tout haut ce que tout le monde pense tout bas : *La Paix du Ménage* n'est pas une œuvre originale, c'est la pièce d'un homme qui a lu la *Francillon* et la *Visite de Noces* de Dumas et qui en a l'imagination toute échauffée;

. . . .

«La vérité, c'est que cette *Paix du Ménage* n'est pas autre chose qu'un proverbe fort mince, que relève un vif ragoût du Dumavaudage.»

. . . .

Le Figaro, 7 mars 1893 (Henry Fouquier).

. . . .

«Mais le talent de Guy de Maupassant, dont la pièce est écrite d'une langue exquise, est tel, que le fond trop amer de son œuvre disparaît sous les broderies de la forme. Ce qu'elle a, hélas! de vérité, demeure : ce qu'elle pourrait causer de répugnance disparaît. La vie, le mouvement qu'il a su donner à ses personnages suffisent à nous les rendre intéressants, en dépit de leur vilenie.»

. . . .

TABLE DES MATIÈRES.

APPENDICE.

www.ingramcontent.com/pod-product-compliance
Ingram Content Group UK Ltd.
Pitfield, Milton Keynes, MK11 3LW, UK
UKHW012019240726
13965UKWH00002B/460